科技教师能力提升丛书

科创活动组织与实践

陈宏程 主编

清华大学出版社

北京

内 容 简 介

本书为中小学科技教师组织和实施科技创新活动提供思路与方法，并呈现许多优秀可借鉴的案例。全书共 5 章，20 个专题。第 1 章青少年科技创新活动概览共两个专题：科技创新活动的意义及与教育发展的关系。第 2 章青少年科技创新活动组织与实施共 5 个专题：个人、组织、人才计划、实践课程和校外组织科技创新活动的主要模式和方法。第 3 章青少年科技创新活动实施要点共 3 个专题：选题、论文和参赛。第 4 章青少年科技创新活动赛事共两个专题：国内和国际赛事介绍。第 5 章青少年科技创新竞赛之星共 8 个专题。

本书可作为中小学校、校外培训机构、科技馆所等科技教师和科技辅导员的培训用书，也可作为教师提升科学素养，提高专业能力，开展教学活动的参考用书，还可作为学生和家长参加科技活动或竞赛的参考用书。

图书在版编目（CIP）数据

科创活动组织与实践 / 陈宏程主编 . —北京：清华大学出版社，2020.12
（科技教师能力提升丛书）
ISBN 978-7-302-56984-8

Ⅰ . ①科… Ⅱ . ①陈… Ⅲ . ①创造教育－中小学－教学参考资料 Ⅳ . ① G632.0

中国版本图书馆 CIP 数据核字（2020）第 230604 号

责任编辑：张　弛
封面设计：刘　键
责任校对：刘　静
责任印制：丛怀宇

出版发行：清华大学出版社
　　　　　网　　址：http://www.tup.com.cn，http://www.wqbook.com
　　　　　地　　址：北京清华大学学研大厦A座　　　　　邮　　编：100084
　　　　　社 总 机：010-62770175　　　　　　　　　邮　　购：010-62786544
　　　　　投稿与读者服务：010-62776969，c-service@tup.tsinghua.edu.cn
　　　　　质量反馈：010-62772015，zhiliang@tup.tsinghua.edu.cn
印 装 者：小森印刷（北京）有限公司
经　　销：全国新华书店
开　　本：203mm×260mm　　　　　印　　张：10　　　字　　数：221千字
版　　次：2020年12月第1版　　　　　　　　　　　　印　　次：2020年12月第1次印刷
定　　价：79.00元

产品编号：087375-01

丛书编委会

顾　问

吴岳良　匡廷云　全　涌　黎乐民　赵振业　张锁江

主　编

马　林

副 主 编

刘晓勘

编委成员（以下按姓氏笔画排序）

王　田　王　霞　朱丽君　毕　欣　闫莹莹　何素兴　李　璠

杜春燕　张　飞　张　珂　张晓虎　陈　鹏　陈宏程　卓小利

周　玥　赵　溪　郑剑春　郑娅峰　高　山　高　凯　郭秀平

傅　骞　谭洪政

评审委员（以下按姓氏笔画排序）

王洪鹏　叶兆宁　付　雷　付志勇　白　明　白　欣　司宏伟

吕　鹏　刘　兵　刘　玲　孙　众　朱永海　张文增　张军霞

张志敏　张增一　李云文　李正福　陈　虔　林长春　郑永春

姜玉龙　柏　毅　翁　恺　耿宇鹏　贾　欣　高云峰　高付元

高宏斌　詹　琰

项目组组长

张晓虎

项目组成员（以下按姓氏笔画排序）

丁　岭　王　康　王小丹　王志成　王剑乔　石　峭　田在儒

刘　然　吴　媛　张　军　张　弛　张和平　芦晓鹏　李　云

李佳熹　李金欢　李美依　屈玉侠　庞　引　赵　峰　洪　亮

聂军来　韩媛媛　程　锐

丛书序

　　当前，我国各项事业已经进入快速发展的阶段。支撑发展的核心是人才，尤其是科技创新的拔尖人才将成为提升我国核心竞争力的关键要素。

　　青少年是祖国的未来，是科技创新人才教育培养的起点。科技教师是青少年科学梦想的领路人。新时代，针对青少年的科学教育事业面临着新的要求，科技教师不仅要传播科学知识，更要注重科学思想与方法的传递，将科学思想、方法与学校课程结合起来，内化为青少年的思维方式，培养他们发现问题、解决问题的能力，为他们将来成为科技创新人才打牢素质基础。

　　发展科学教育离不开高素质、高水准的科技教师队伍。为了帮助中小学科技教师提升教学能力，更加深刻地认识科学教育的本质，提升自主设计科学课程和教学实践的能力，北京市科学技术协会汇集多方力量和智慧，汇聚众多科技教育名师，坚持对标国际水平、聚焦科技前沿、面向一线教学、注重科教实用的原则，组织编写了"科技教师能力提升丛书"。

　　丛书包含大量来自科学教育一线的优秀案例，既有针对科技前沿、科学教育、科学思想的理论探究，又有与STEM教育、科创活动、科学课程开发等相关的教学方法分享，还有程序设计、人工智能等方面的课例实践指导。这些内容可以帮助科技教师通过丰富多彩的科技教育活动，引导青少年学习科学知识、掌握科学方法、培养科学思维。

　　希望"科技教师能力提升丛书"的出版，能够从多方面促进广大科技教师能力提升，推动我国创新人才教育事业发展。

丛书编委会

2020 年 12 月

前 言

　　"当科学家是无数中国孩子的梦想，我们要让科技工作成为富有吸引力的工作、成为孩子们尊崇向往的职业，给孩子们的梦想插上科技的翅膀，让未来祖国的科技天地群英荟萃，让未来科学的浩瀚星空群星闪耀！"习近平总书记2018年在两院院士大会上的讲话，表达了对青少年的殷切希望，也对今天的学校、家庭和社会教育都提出了新的更高要求。

　　在孩子的科技追梦路上，组织和实施科技创新活动是实现科学梦想的主要途径。为中小学科技教师组织和实施科技创新活动提供思路与方法、呈现可借鉴的案例，是编写本书的初衷。

　　全书共5章，20个专题。第1章青少年科技创新活动概览分两个专题阐述科技创新活动的意义及与教育发展的关系。第2章青少年科技创新活动组织与实施分5个专题阐述校内外组织科技创新活动的主要模式和方法。第3章青少年科技创新活动实施要点分3个专题阐述科技创新活动的定义、实施和选题、论文撰写和参赛。第4章青少年科技创新活动赛事分两个专题主要介绍国内科技赛事和国际科技赛事。第5章青少年科技创新竞赛之星分8个专题介绍几个国内国际赛事获奖选手和团队的案例。

本书勘误及
教学资源更新

在本书的创作过程中，邀请了青少年科技创新和科普传播领域的专家进行指导，由北京市西城区、东城区、海淀区、朝阳区、密云区等一线科技教师撰稿、提供实践案例和课程资源。

由于编者水平有限，书中若有疏漏之处，敬请广大读者批评、指正。

本书编委会

2020 年 12 月

目　录

第 3 章

青少年科技创新活动实施要点

C H A P T E R 3

51

第 4 章

青少年科技创新活动赛事

99

C H A P T E R 4

第 5 章

青少年科技创新竞赛之星

117

CHAPTER 5

01

CHAPTER 1

第 1 章

青少年科技
创新活动概览

青少年是少年（儿童）与青年时期相重合的阶段，涵盖自小学到高中毕业，年龄从 6 岁到 18 岁的阶段。一般科技赛事的参赛规定是从小学到高中，也有把年龄延伸到从幼儿园大班到大学的。国际赛事如 DI 全球赛明日之星是从 5 岁到小学二年级；有的赛事有大学组，国内赛事如中国青少年科技创新奖是从小学到博士阶段。

青少年科技活动从字面上看可以理解为一个广义的概念。从参加者来看，应当从婴幼儿到研究生；从活动范围来看，可以包括家庭科技活动、学校科技活动、社会机构科技活动……

青少年科技活动是我国科技界、教育界通用的专门词汇。例如，"全国青少年科技活动领导小组"中的"青少年科技活动"便是这个专用词汇。它特指由教育系统、科学技术协会和其他社会系统组织的，由在校学生在课外时间参加的科学技术活动，包括校内课外科技活动和校外科技活动，但不包括课堂教学中的科技活动，因此又称为"青少年课外科技活动"。

今天的青少年科技活动已经延伸到校内，是课程改革的有效补充。一般学校的科技活动围绕科技创新活动和科技创新竞赛展开，主体有中小学校和青少年科技场馆等。

专题 1　为什么要重视青少年科技创新活动

一、科技创新对中国意义重大

（一）科技创新曾使古代中国领先世界

古往今来，创新是推动社会进步和发展的不竭动力。中国的科学技术在很长一段历史时期都居于世界领先地位。浩若烟海的科学技术成就为世界文明的发展做出了突出的贡献，其中成就最大的是农学、天文学、数学和中医学，诞生了诸如"四大发明"等影响世界文明进程的众多科技成果。

中华民族的科技活动有着悠久的历史，并且在 16 世纪中期以前一直处于世界科技舞台的中心。早在距今 3300 多年以前的甲骨文中就有关于日食的记载。2500 年以前战国时期问世的《考工记》准确地记载了六种不同成分的铜锡合金及其不同用途。公元 1 世纪初期的西汉时期，中国人发明了造纸术，公元 105 年左右蔡伦又改进和提高了造纸技术，从而使造纸技术在中国迅速推广开来。在 11 世纪中期的宋朝，中国科学家发明的指南针和活字印刷术得到了广泛的应用。15世纪中期，医学家李时珍所著的《本草纲目》成为中国古代医学发展的集大成者。到此时为止，中国古代科学的发展达到了顶峰时期，"四大发明"已经先后登上了历史舞台。

著名英国科学家李约瑟博士认为："中国在3世纪到13世纪之间保持了一个西方所望尘莫及的科学知识水平，现代西方世界所应用的许多发明都来自中国，中国是一个发明的国度。"

（二）科技创新助力中华民族重新崛起

1978年3月18日，时任副总理的邓小平在全国科学大会开幕式上提出，"要实现农业、工业、国防和科学技术现代化，关键在于实现科学技术现代化"，并强调"科学技术是第一生产力"，被誉为"科学的春天来了"。

1995年5月召开的全国科学技术大会上，时任中共中央总书记的江泽民正式提出"科教兴国"战略。这是继1956年号召"向科学进军"、1978年全国科学大会之后，中国科技事业发展进程中第三个重要里程碑。

2016年5月30日，在全国科技创新大会、中国科学院第十八次院士大会和中国工程院第十三次院士大会、中国科学技术协会第九次全国代表大会上，习近平总书记为我国科技事业发展目标画出了路线图："到2020年时使我国进入创新型国家行列，到2030年时使我国进入创新型国家前列，到新中国成立100年时使我国成为世界科技强国。"

新中国成立以来特别是改革开放以来，尤其是近5年，我国科技发展取得举世瞩目的伟大成就，科技整体能力持续提升，在一些重要领域方向跻身世界先进行列，某些前沿方向开始进入并行、领跑阶段，正处于从量的积累向质的飞跃、点的突破向系统能力提升的重要时期。

2017年5月，北京外国语大学丝绸之路研究院对"一带一路"沿线20多个国家的青年最爱的中国生活方式进行了调查。在国外青年"最想把中国的什么带回国"的采访中，评选出中国的"新四大发明"，分别为高铁、支付宝、共享单车、网购。科技兴则民族兴，科技强则国家强。今天，我们比历史上任何时期都更接近实现中华民族伟大复兴的目标，比历史上任何时期都更有信心、更有能力实现这个目标。

科技创新是中国发展的不竭动力。创新是中华民族的鲜明禀赋，也是中国发展进步的不竭动力。70年来，新中国从"一穷二白"的科技弱国成长为举足轻重的科技创新大国，走出了一条中国特色科技创新道路，为经济增长持续注入动力。从基础科研领域不断取得突破，化学、材料、物理等学科走在世界前列，到涌现出量子通信、载人航天、探月工程、北斗导航等一大批重大科技成果，中国科技事业实现了从跟跑到并跑乃至在某些领域领跑的历史性跨越，成为全球创新版图中日益重要的一极。在新中国成立 70 周年之际，年近九旬的中国女科学家、诺贝尔生理学或医学奖得主屠呦呦被授予"共和国勋章"。屠呦呦团队从中国传统医学中汲取智慧，研究发现了以青蒿素治疗疟疾的方法，挽救了全球数百万疟疾患者的生命。这一医学科研成果，是新中国 70 年科技发展进步的一个缩影。

"功以才成，业由才广。"培育科技人才，是培育中国创新的"力量源泉"。如今，站在新起点，我们比历史上任何时期都更接近实现中华民族伟大复兴"中国梦"的目标，实现"中国梦"离不开"科技梦"的助推；面向世界科技前沿、面向经济主战场、面向国家重大需求，我们比历史上任何时期都更需要加快科技创新，掌握竞争先机。

"发展是第一要务，人才是第一资源，创新是第一动力。"青少年是祖国的未来，培养青少年的科技创新精神，是民族振兴的原动力。站在新时代，让我们乘着改革与创新的浩荡东风，汇聚各方力量，我们一定能跑出中国青少年科技创新的"加速度"，奋力拼搏、自强不息，推动青少年科技创新向前发展，实现民族复兴的"中国梦"。

（三）科技创新影响中国未来发展

2006 年 2 月 9 日，中共中央、国务院发布《国家中长期科学和技术发展规划纲要（2006—2020 年）》（以下简称《纲要》）。《纲要》指出到 2020 年，全社会科技研发经费年投入总量将超过 9000 亿元，投入水平位居世界前列，企业将成为科技创新主体。而创新人才培养模式中要求适应国家和社会发展需要，遵循教育规律和人才成长规律，深化教育教学改革，创新教育教学方法，探索多种培养方式，形成各类人才辈出、拔尖创新人才不断涌现的局面。

《全民科学素质行动计划纲要（2006—2010—2020 年）》目标中明确指出：以重点人群科学素质行动带动全民科学素质的整体提高。未成年人对科学的兴趣明显提高，创新意识和实践能力大幅度增强。

国家历来重视科技创新人才的培养工作，比如"拔尖计划""英才计划"等项目，对爱好科学的优秀高中生进行因材施教、个性培养，使许多优秀青年人才脱颖而出。在招生制度上，对创新拔尖人才也给予制度保障，从之前的保送、自主招生，到今天的"强基计划"，都是对科技创新人才选拔培养的可行之路。

由此可见，重视青少年科技创新活动势在必行，而作为科技教育工作者的我们任重而道远。

二、引领科技教育变革的美国《新一代科学教育标准》

科学教育是教育的重中之重，美国作为世界科技强国，其基础科学教育理念具有一定的优越性和先进性。

2013 年 4 月，美国颁布了《新一代科学教育标准》，提出了三维整合的框架体系，即将科学与工程学实践、学科核心概念和跨学科共同概念进行了有效整合。学科核心概念是三维目标的核心。科学与工程学实践和跨学科共同概念一方面强化了学科核心概念，增强了学生的理解能力；另一方面也加强了学生的实践能力。这些理念对于我国科学课程标准的修订、制定，科学课程的设计和教师的教学都具有重要的参考价值。该标准具有重视教学内容的整合性、强调 K12 年级课程设置的连贯性、注重教学过程的实践性以及关注教育目的的人本性等特点。鉴于该标准的启发，我国科学教育可在课程设置、教师培养模式和评价体系等方面做出相应改变。

专题 2　青少年科技创新活动顺应基础教育改革需要

一、青少年创新活动实施与创新能力培养的政策与指导意见

2001 年颁布的《基础教育课程改革纲要（试行）》中明确指出课程改革"面向现代化，面向世界，面向未来"，全面推进素质教育。

2010 年颁布的《国家中长期教育改革和发展规划纲要（2010—2020 年）》，继续贯彻三个面向，强调"基础教育要着力提高学生勇于探索的创新精神和善于解决问题的实践能力。探索发现和培养创新人才的途径"。

2017 年 9 月 25 日，教育部关于印发《中小学综合实践活动课程指导纲要》的通知中指出："各地要充分认识综合实践活动课程的重要意义，确保综合实践活动课程全面开设到位。要组织教师认真学习纲要，切实加强对综合实践活动课程的精心组织、整体设计和综合实施，不断提升课程实施水平。"《中小学综合实践活动课程指导纲要》总目标中要求："学生能从个体生活、社会生活及与大自然的接触中获得丰富的

实践经验，形成并逐步提升对自然、社会和自我之内在联系的整体认识，具有价值体认、责任担当、问题解决、创意物化等方面的意识和能力。"劳动教育的核心是价值体认，即让学生在劳动教育的各层面体验、探究劳动价值，并使之内化为价值观。

《国务院办公厅关于新时代推进普通高中育人方式改革的指导意见》（国办发〔2019〕29 号）中指出，"办好普通高中教育，对于巩固义务教育普及成果、增强高等教育发展后劲、进一步提高国民整体素质具有重要意义"。改革目标是："到 2022 年，德智体美劳全面培养体系进一步完善，立德树人落实机制进一步健全。普通高中新课程新教材全面实施，适应学生全面而有个性发展的教育教学改革深入推进，选课走班教学管理机制基本完善，科学的教育评价和考试招生制度基本建立，师资和办学条件得到有效保障，普通高中多样化有特色发展的格局基本形成。"

《中共中央国务院关于深化教育教学改革全面提高义务教育质量的意见》（2019 年 6 月 23 日）中明确指出："义务教育质量事关亿万少年儿童健康成长，事关国家发展，事关民族未来。为深入贯彻党的十九大精神和全国教育大会部署，加快推进教育现代化，建设教育强国，办好人民满意的教育。"并提出：坚持立德树人、着力培养担当民族复兴大任的时代新人、坚持"五育"并举，全面发展素质教育、强化课堂主阵地作用，切实提高课堂教学质量、按照"四有好老师"标准，建设高素质专业化教师队伍、深化关键领域改革，为提高教育质量创造条件、加强组织领导，开创新时代义务教育改革发展新局面六个方面 26 点意见。

"十三五"期间，中国科协、农业农村部和国务院扶贫办实行"科技助力精准扶贫工程"，是以习近平新时代中国特色社会主义思想为指导，按照中央关于打赢脱贫攻坚战、实施乡村振兴战略的新部署、新要求，按照科技三会和中央经济工作会议、中央农村工作会议精神，聚焦深度贫困地区，以帮助建档立卡贫困村（户）增收增智为目标，广泛动员各级科技组织和广大科技工作者积极投身脱贫攻坚。

二、青少年科技活动的重要作用

（一）搭建了学生展示自我的舞台

丰富多彩的科技活动能激发青少年科技实践的兴趣、启发青少年的创新意识，能充分培养青少年的好奇心、求知欲，帮助他们自主学习，独立思考，还能激发创造力，引导青少年对未知领域的探索，寻找独创性的解决问题的方法。

联合国教科文组织于 1986 年就提出了教育的四大支柱，也可以说是教育的四大目标：Learning to know（学会求知），Learning to do（学会做事），Learning to co-operate（学会合作），Learning to be（学会生存与发展）。2015 年联合国教科文组织协会又提出第五大支柱——Learning to Create（学会创造）。创新是学生能够适应终身发展和社会发展需要的关键能力，是适应世界教育改革发展趋势、提升我国教育国际竞争力的迫切需要。

1979 年，邓小平同志为首届"全国青少年科技作品展览"题词——青少年是祖国的未来，科学的希望。"全国青少年科技作品展览"是全国青少年科技创新大赛的前身。青少年科技竞赛活动的开展，显著提升了青少年的科学素质，增强了青少年的科学兴趣，促使青少年形成了良好的科学态度和价值观。青少年科技竞赛活动不断扩大社会影响力，引起了社会和广大科学家对科学教育的关注，对推动学校科学课程改革的进程产生了促进作用。科技竞赛活动显著提升了青少年的科学素质，使一大批有科学潜质和发展后劲的优秀青少年立志从事科学事业。

到 2019 年，青少年科技创新大赛已走过 40 年，参加第一届全国青少年科技创新大赛的青少年如今也已步入中年，成为国家建设的栋梁。抚今追昔，邓小平同志的题词寄托了老一辈革命家对下一代的深情厚爱，凝聚着小平同志对国家繁荣、事业进步的无限追求。40 年来，全国各地丰富多彩、形式多样的青少年科技活动蓬勃开展，激励着广大青少年在学科学、爱科学、用科学的道路上健康成长。

青少年科技创新活动越来越多的得到社会承认、学校支持、家长信服、学生喜欢、媒体关注，成为搭建学生开展国际国内科技交流的平台。

（二）促进了科技辅导员的成长

科技活动以其丰富多彩的内容、灵活多样的形式、生动活泼的方法，不仅对培养学生科技素养有十分重要的意义，对教师意志品质的培养也同样至关重要的作用，特别是对于优秀教师良好的人才意识、饱含热情的探究意识、教育做事的创新意识、丰富内涵的文化意识和团结友爱的合作意识的培养有着重要的作用。

教师在形式各样的教育活动中承担着重要角色。与校内教育一样，校外教师的专业能力成为提高学生校外活动参与质量的一大关键。对于科技教师来说，通过有效的活动策划来实施科普及教育，是提升科技教育有效性的重要方法。同时也是提升科技教师创造性地驾驭课堂能力的重要方法。科技活动课的教学过程是一个多因素交互作用的动态过程，会不断产生新的矛盾和问题，也会出现新的转机和新的教育契机。

教师通过辅导学生科技创新活动，能够培养敏锐的感受能力和灵活的应变能力，能迅速对科技创新活动所出现的问题做出反应；同时具备较强的动手操作能力。这里的动手操作能力包括动手实验能力和动手制作能力两个方面。科技活动课的最大特点就是通过实验观察、动手制作扩大学生的视野，增长学生的知识，培养学生的能力，发展学生的特长，使他们生动活泼、全面发展。

目前，中国青少年科技辅导员协会出台《青少年科技辅导员专业水平认证办法（试行）》，开展科技辅导员专业水平认证，组织和指导青少年科技教育活动的中小学教师，高校与科研院所、科普场馆、青少年宫（活动中心）、科技教育机构、社会团体、企事业单位中的从事青少年科技辅导工作的专业人员。目的是为客观、公正、科学地评价青少年科技辅导员的专业能力和水平，严格按照规定的条件、办法和程序，开展辅导员专业水平认证；并通过认证管理引导和激励广大青少年科技辅导员进一步提高专业能力，从而促进辅导员队伍的扩大。

（三）提升了学校特色办学品位

科技活动是学校实现全面发展培养目标，发展素质教育的重要途径，可以丰富学生的课余生活，对发展学生智力、培养学生能力、提高学生思想品德都有着重要作用。研究学生发展核心素养是落实立德树人根本任务的一项重要举措，也是适应世界教育改革发展趋势、提升我国教育国际竞争力的迫切需要。

中国学生发展核心素养以培养"全面发展的人"为核心，分为文化基础、自主发展、社会参与3个方面，综合表现为人文底蕴、科学精神、学会学习、健康生活、责任担当、实践创新六大素养，具体细化为国家认同等18个基本要点。各素养之间相互联系、互相补充、相互促进，在不同情境中整体发挥作用。

同时，科技创新活动提升了学校的办学质量和品位。一批批金鹏科技团、科技示范校应运而生，成为培养科技英才的摇篮。

（四）推动了全民科学素质持续提高

习近平总书记高度重视科技创新和科学普及，强调"科技创新和科学普及是实现创新发展的两翼，要把科学普及放在与科技创新同等重要的位置"。

全国科技周、全国科普日以及全国青少年科技创新大赛等科技活动的开展，既是提高青少年科学素质的一项重要举措，也是多部门联动促进文明实践活动的一项长期

乡村科技活动典范

行动，不仅为广大青少年提供了一个学习科技知识与培养科学技能的平台，让广大学生亲自动手、亲身体验、真切感受科技活动的无穷魅力，更好地激发广大学生爱科学、学科学、用科学的兴趣；同时，对在全社会营造崇尚科学文明、促进创新创造的浓厚氛围也具有十分重要的意义。

青少年科技创新活动要更好协同社会各方，动员广大科技工作者，普及科学知识、弘扬科学精神、传播科学思想、倡导科学方法，推动全民科学素质持续提升。

CHAPTER 2
第 2 章

青少年科技创新
活动组织与实施

青少年科技活动同其他教育活动一样，有其自己的组织形式、活动内容、活动形式与活动方法、安全预案。科技教育活动的策划与设计是一种创造性劳动，要付出相当的心血。设计者应根据科学教育、传播与普及的需求，确定活动内容和形式、明确活动目标、选择活动方法、设计活动步骤，最终提炼出符合青少年理解科学规律的科技教育活动方案。

如何组织好青少年科技活动，安排好活动内容，优化、选择适当的活动形式与活动方法，落实安全预案，对于实施活动的教育目标十分必要。

目前，青少年科技活动的组织形式主要有：个人活动、科技社团和兴趣小组、各种科技俱乐部和科技人才计划等。

专题 3 个人活动组织与实施

个人活动是指一个人的活动，是青少年科技活动的主要形式之一。一方面，某些活动本身就是由学生单独进行的，例如由学校提供场地和设备，学生在实验室、计算机房或图书馆，以个人为主体进行科技活动，学生利用家庭设备、工具、场地自发地进行的科技活动等。另一方面，在小组或集体进行科技活动时，也有许多项目在分工的基础上必须由个人来完成。这些由青少年独立进行的阅读、采集、饲养、种植、养殖、制作、观察、实验、写作等科技实践活动充分地利用了校内外活动的场地及其他条件，对发展青少年的爱好和才能，培养他们的科学素质，以及向千家万户普及科学技术知识、技能方法、科学思想具有重要的作用。个人活动是青少年科技活动最基本的形式，忽视或否认这种活动形式的思想和做法，都会影响科技活动的发展。

科技创新竞赛对参赛人数也有限定，如青少年科技创新大赛按人数分为个人项目和集体项目（最多 3 人），"明天小小科学家"奖励活动规则中规定：申报者资格为个人（包括在他人指导下）取得了科学技术研究成果。

一、青少年科技活动中的个人活动组织策略

（一）加强对个人活动的组织和引导

青少年特别是小学生具有与生俱来的好奇心，想象丰富、思维活跃；态度的形成需要实践的过程，技能的形成需要反复模仿练习，知识的获取主要通过感性经验的积

累；有意注意和坚持性尚在发展之中，科学学习方面具有差异性。针对青少年的这些特点，指导教师要有意识地组织和发动他们积极参加力所能及的科技活动，如小发明、小实验、小制作、小采集、小种植等，这不但会对青少年的科学启蒙取得良好效果，而且会为培养大批科技活动的积极分子创造条件。

（二）加强对"科技幼苗"的培养

随着科技活动的广泛开展，必将有一部分具有一定特长和才能的青少年脱颖而出。对这部分"科技幼苗"的进一步培养和提高可以采用个别活动的形式，比较有效的方法是项目成长模式，即由教师或科技辅导员对学有专长的青少年进行个别指导，指导他们学习科学知识、进行科学研究，教师尽可能指导他们完成一个科技创新项目。根据教育学中的"皮格马利翁效应"理论，受到教师喜欢的学生，其智力可以得到更好的开发。采用项目成长活动方式，由具备某种专长的教师（辅导员）指导具有同一特长的学生，教师（辅导员）对学生有较大的期望，学生对教师（辅导员）则格外拥戴，这有利于建立智力开发的良好环境，也有利于人才的成长。

（三）兴趣是最好的老师

兴趣是指"个人"对特定的"事物""活动"以及"人为对象"所产生的带有倾向性、选择性的态度、情绪、喜欢的想法。和"个人爱好"意思相近，但含义不同。

根据兴趣产生的方式，可以将兴趣分为直接兴趣和间接兴趣。直接兴趣是人对事物本身或活动过程本身感兴趣，而间接兴趣是人对活动的结果感兴趣。直接兴趣的作用时间比较短暂，而间接兴趣的作用时间比较持久。

兴趣是最好的老师。无论干什么事情只要有了兴趣，就会千方百计地想办法将其干好，一个人无论天资如何只要对某一事物有了浓厚的兴趣，干事情也就不难了，正所谓"笨鸟先飞"。相反，如果一个人对某件事没有什么兴趣，干事情就会提不起精神，没有兴趣即使天赋再好，也难将事情干好。

二、个人活动实施

参加科技创新活动和竞赛的学生来源有两种：一种是鼓励科学类课堂和兴趣小组上表现突出的学生；另一种是有兴趣特长和参赛愿望的学生主动参加。前者选材面广，适合团队项目；后者兴趣持久，适合难度大的项目。教师要和学生一起交谈，了解他们的爱好和特长，先交给他们一些任务，考察他们是否有能力和条件参加相应的活动。

在个人活动和竞赛中，可以引导学生持续研究一个项目，根据项目的实施难度不同，分别参加小学、初中和高中阶段的竞赛。小组和社团可以阶梯培养，以老带新，循环成长。

三、指导案例

中国人民大学附属中学的施轶萌同学说："我从小就对科学非常感兴趣。学校知道我有这个兴趣，就帮我联系了高校，能够在教师的指导下做自己喜欢的东西。"2011年5月，这个"做自己喜欢的东西"的女孩，在被称为"小诺贝尔奖"的英特尔国际科学与工程大奖赛上，捧回中国代表队唯一的一等奖——物理与天文学类一等奖。施轶萌是一名高三女生，她的成功就是兴趣驱动长期坚持的结果。她从小就喜欢观察昆虫，高一时参加了北京青少年科技俱乐部，可以在实验室进行操练让她感到非常快乐。施轶萌对拥有这样一个实验平台感到很幸运，这开始了她的小小科学家生活。"在实验室里很快乐，尤其是能将科学文献中的想法和理论，动手做出一个东西来，那种感觉太美妙了。"施轶萌说。为了这份快乐，施轶萌高中三年几乎所有的业余时间和节假日都是在实验室度过的。

痴迷虫子的王清石同学，现在就读北京市京源学校，从三四岁起就酷爱观察昆虫，家里堆满了研究昆虫的设备、书籍、数据资料和标本。喜爱饲养昆虫，养过的昆虫品种繁多，对很多昆虫的生存习性了如指掌。他心中有太多的"为什么"，这引领他从"玩虫子"走上了"研究昆虫"之路。

痴迷虫子的同学

专题 4　小组或社团活动组织与实施

一、兴趣小组、科技社团定义

（一）小组

兴趣小组属于课外活动，是利用课余时间在教师指导下发展学生某项兴趣和特长的教学活动，目的是进一步发展学生某一方面的特殊能力，实现学生个性的全面发展。

（二）社团

学校社团是具有某些共同特征、爱好的学生，在学校的引导下而组成的互益组织。中小学和大学相比较，由于管理的相对集中性，课程学习的繁重性，学习活动的规范有序化要求等，学校的社团一般由学校牵头组织，并在教师的指导下进行，目的是通过教师对某一方面的指导，使学生的特长得以发挥，个性得以强化。一般社团都要按社团活动的章程办事，并有严格的活动计划，组织参加有关的竞赛活动等。

社团成员组织的原则，往往是以各社团人员的兴趣为中心，所以有的社团有时称"××兴趣小组"。兴趣小组和社团相比，社团应该说更具规范性，组织的要求更严密，活动也更具开放性等。

就目前的发展现状而言，科技类社团、兴趣小组是中小学青少年科技爱好者根据对某方面科学技术有相同的兴趣与爱好，自愿组织起来的学生团体。他们是一群热衷于科学技术、制造发明等科学爱好者的集合。

通常情况下，科技类社团应始终秉持科技创新精神，在学习与发展中，将创新精神融会贯通，从而更好地完成素质教育。科技社团和兴趣小组的创建需要从社团名称、社团宗旨、团员资格、主要任务、活动形式、指导教师等多方面组成。社团需要拥有自己的社团章程：一般应包括总则（社团名称、宗旨、主要任务），团员（团员资格及权利义务），组织管理（社团负责人的产生、罢免及其职权职责），经费管理（经费的来源和使用原则），其他（章程修改、社团终止程序）等内容。

每学期都应对科技类社团的主要活动进行规划与研讨，通常按如表 2-1 所示的表格内容进行规划与记录。

表 2-1　科技社团活动记录表

序　号	活 动 名 称	活 动 时 间	活 动 形 式	参 与 人 数	备　注

有的学校设立少年科学院，如中国人民大学附属中学（以下简称人大附中）少年科学院（以下简称少科院）是人大附中学生自发成立的学生科技组织。其宗旨是面向全体同学，组织开展各种科技活动，普及科技知识，培养科技素养，提高动手能力，让每一个学生感受科学研究、科技创新的乐趣。

少科院完全由学生自己组织与管理，设有院务委员会。院务委员会负责少科院的各项活动。院长、副院长、副秘书长、各研究所所长都由学生担任。各研究所设有一名教师任秘书，为同学们开展各项科技活动服务，秘书长由教师担任。少年科学院下设发明创造研究所、智能机器人研究所、模型设计研究所、天文科技研究所、生命科学研究所、头脑创新思维（DI）研究所、制陶技术研究所、数码影像技术研究所共八个研究所。所长由学生担任，定期组织本所学生开展相关领域的研究交流活动。

少科院每年向全校学生征召会员，由学生自愿申请报名。原则上要求会员对科技感兴趣，热心公益事业，愿意以自己的行动带动全体同学热爱科学，参与科技创新。

少科院的学生自己设计了院标，并建有少科院官方网站，为广大学生参与科技活动、科技交流搭建平台。

二、小组和社团活动的实施环节

兴趣小组和科技社团组建后，按照目标和章程开展活动，以期取得预期成果。在开展社团和小组活动中，主要有以下几个关键环节。

1. 活动策划

策划项目活动应尽量遵循长期目标与短期目标相结合的原则，循序渐进、环环相扣，以项目带动活动。

2. 寻求支持

支持来源于家庭、学校、主管部门以及社会机构等。

3. 媒体宣传

媒体的宣传的主要方式有：纸介媒体、广播、电视、网络、新媒体（微信、微博、公众号、直播平台）等，它们都有各自的特点。

4. 安全与风险管理

一个成功的科技创新项目首先要是一个安全的项目。有人说，带领和指导学生活动，安全是头等大事，如果安全出了问题，一切都会归零。甚至有些地区和学校，为了避免安全事故取消或限制开展科技创新活动，可见安全是活动组织实施中的头等大事。

5. 总结和评估

小组和社团每做完一次活动或完成一个项目，应当及时完成活动报告并进行自我评估，同时向学校或机构反馈活动状况、变化和所遇到的困难。

三、小学科技社团的组织实施

在小学阶段，科技类社团是众多社团中的主要类型之一。相较于其他社团，科技类社团主要是培养学生科学学习的兴趣，同时还带领学生掌握科学方法并保持严谨的科学态度开展科学探究。

（一）发挥教师的指导作用

从理性的角度来分析，小学生既表现出明显的不成熟性，又表现出明显的发展性与成长性，同时，更具有受教性与向师性。这是由小学生的年龄特征决定的，他们各方面的能力和素质还处于待完善的发展阶段，所以，对于各种活动的参与需要教师的帮助和指导。这主要包括活动的动员、组织、开展、调控和评价等。小学生的社团活动及社团建设，在很大程度上脱离不了成人的帮扶和引导，在社团活动中小学生发展的主体性与教师的指导作用是分不开的，指导教师在不同时期采取不同的指导策略，才能提高社团活动的实效性。

教师身上有什么特长、潜能，就可以在征集学生的意愿基础上开发这样的兴趣社团，让有一技之长的教师有更多的舞台展示。学校科技教师根据自身特长，在校内开设相关科技课程，利用课后时间组织学生开展学习、活动，在校学生每学期可按照自身需求与兴趣选择课程，选择教师，报名成功后每周定期开展学习。所以，小学阶段科技社团的教师尤为重要，不仅需要有专业的知识，有让学生能够接受知识的方法，在开展各类活动的同时还要具备丰富的活动经验。

（二）尊重学生的个性和特长

从活动主体与类型的角度来说，小学生的每一种社团活动，都具有其本身的独特内容与形式，都需要具备不同于其他活动的环境与条件，并且在其开展过程中，都将会对学生的认知能力、情感态度、意志品质、身体素质、性格习惯、经济条件等相关因素有所要求。社团活动要根据学生的兴趣爱好、潜能特长的基础上，遵循游戏愉悦身心与训练提高素质相结合的原则，在各年级间穿插进行，应保证每一个学生都能从活动中享受到学校生活、童年生活、集体生活、学习生活的快乐。

（三）需要监护人的陪伴和帮助

小学生由于尚未成年，心智也未完全成熟，更多的时间与经历安排是在家长的指导与引导下完成的，那么，想要更好地参与社团活动就需要家长的支持与配合。在学校里教师可以教授专业的知识，引导学生开展模拟、创新型实验，发现事物的规律，探究结论；而在校园外开展的活动就需要教师投入更多精力关注学生的安全，无论是出行还是活动过程中环境对于学生的潜在伤害，都是教师需要密切关注的。而家长陪同活动或亲子互动就是解决这类问题最好的一种方式，不仅增加了家长和学生共同相处的时光，而且实现了亲子有效陪伴。

（四）采取丰富多彩的活动方式激发学习兴趣

单纯的课堂讲授会让小学阶段的学生学习兴趣减弱。开展多样化、多种形式的学习活动可以激发学生主动学习的兴致，更利于社团的发展。比如在社团活动中开展师徒结对的仪式，让经验丰富的小师傅带领徒弟开展活动，这不仅帮助新团员更好地融入社团，而且使社团的梯队性建设逐步形成。社团在学校活动的时间有限，教师可以采用网络直播的形式，让不同学生成为讲师，开展网络课堂学习，打破学生学习空间的限制，让更多希望能够参与到社团活动的学生感受到社团的魅力。社团活动还可以围绕学生所在的社区或者公园展开，三五成群的社员在社区找到合适地点，向社区居民开展相关专业知识分享与互动体验。

小学阶段科技社团活动的组织需要教师带领学生，甚至学生家长志愿者共同完成，活动前的方案策划、地点的选择、时间的安排、小组人员的分工以及应急问题出现后处理的方案都是保障活动正常、平稳、有序开展的关键。

四、中学科技社团的组织

中学科技社团是由学校或学生自发组织的，以共同的科技兴趣爱好为前提，以拓展自身科技知识、锻炼科技能力、提升科学素养为目标，以学生为主体的探究型共同体。实践证明，以社团形式围绕一个大家喜欢的科技项目主题开展科技探究活动，是一种颇受学生欢迎的组织形式。社团活动是发现和培育区域科技后备创新人才的重要载体，更是繁荣校园创新文化和学校科技品牌特色的有效手段。

（一）中学科技社团标准

中学科技社团标准一般包括社团组织建设状况、活动开展情况、社团特色及活动成效。

（1）社团建设：章程、场地、指导人员、社团成员等。

（2）社团活动：活动计划、内容、方案、总结，以及记录活动过程的文字、图片、视频等材料。

（3）社团特色：根据学校的校园文化、所处地域开展的各类活动具有特色。

（4）社团成效：开展的活动在学校、所处地域具有一定的影响力，社团成员参与科技类活动取得了较好的成绩。

（二）中学科技社团实例——北京市八一学校

中学生社团的活动以保证完成学生的学习任务和不影响学校正常教学秩序为前提；以有益于学生的健康成长和有利于学校各项工作的进行为原则。学生社团组织和活动的目的是活跃学校的学习氛围，提高学生的自主管理能力，丰富学生的课余生活。学生社团可以根据学校的不同情况利用学生的课余时间开展各种形式的活动，以交流思想，切磋技艺，互相启迪，增进友谊。

八一学校小卫星
活动

下文以北京市八一学校小卫星社团系列活动为例，介绍中学科技社团组织开发。

1. 课程学习

由于学生不具备专业航天知识，所以课程学习是"小卫星"活动的第一个环节。课程学习不仅可以教师讲授学生听讲的形式，还可以 STEAM 课堂的方式综合运用物理、数学、化学、工程绘图、计算机编程、材料等学科知识和技能，用什么学什么，并且尽可能与学生学科知识相对应，以提升学生学科知识综合运用和创新能力。

2. 院所参观

航天听起来"高大上"，与学生距离很远，为了让学生对航天有直观且感性的认识，北京市八一学校在"小卫星"活动中开设了院所参观环节。参观院所有中华航天博物馆、中科院空间中心、宇航员训练中心、中国空间技术研究院展厅、钱学森实验室等，通过学生的深度参与互动和亲身体验的方式对航天工程进行深度学习与理解。

学生到院所进行参观不是走马观花，而是带着任务去的，主要任务是与院所专家深入沟通、细心观察航天器、了解航天器细节，并且参观过后要做总结分析报告。

3. 工程实践

学生对航天知识有了初步学习并且通过院所参观对航天器有了感性认识之后，便进入最重要的环节——工程实践。工程实践是每门"小卫星"活动的关键环节。

以"仿真卫星设计与制作"课程为例，该课程的工程实践环节要求能够做出一个真正发射上天的仿真卫星，因此，在多学科知识运用、系统把控能力上都对任课教师提出了要求。学生通过对卫星结构、组成的理解，培养科学和系统的概念认知，使学生能自行分析和决定卫星载荷功能，自己设计卫星外形，利用激光切割完成外观制作，设计完成星务板、电源系统、防隔热系统、通信系统的集成与测试工作。学生以航天工程方法做出属于自己的小卫星，加深已经学到的不同学科概念印象、激发学习兴趣。

4. 课外活动

"小卫星"课程很多活动需要在室外进行，因此，课外活动是一个重要环节。学生完成工程事件后需要走出去，可以走到操场，甚至走到发射场，去感受与体验航天的魅力，去收获天地通联成果的喜悦。

"卫星测控与应用"是以无线电应用、卫星信号接收的知识为主。学生动手制作出卫星天线，并通过 SDR 接收机接收过境卫星的信号信息，学生可根据所接收到的信息分析，找出影响信号清晰度与完整性的各个因素并采用实验的方法进行验证。在这门课上，学生可以动手动脑，同时充分整合了数学、物理、化学、生物、地理、电路、材料、计算机编程、工程制图等多学科知识，极大地激发了学生对航天的兴趣与热情。

"CanSat 卫星制作与发射"是模拟一个真实返回式卫星飞行过程的活动，要求学生制作的卫星体积能够容纳在一个可乐罐大小的容积里。学生面临的挑战是将卫星上的所有主要子系统（星务分系统、通信分系统、电源分系统、载荷分系统）在这个最小体积内设计与实现。CanSat 火箭将学生设计的卫星发射到约 2km 的高度，然后实现安全着陆，学生需要在 CanSat 卫星降落过程中收集数据并对数据进行整理分析。

学生在卫星发射与回收时的兴奋感将深刻留存在学生的记忆里，甚至会影响学生报考航天相关大学与专业。

5. 参加比赛

学生在"小卫星"活动项目中可以把所取得的成果用于参加各类比赛，比如全国青少年科技创新大赛。

2019 年，北京市八一学校学生以《基于卫星转发与黑匣子的全球化自然灾害实地数据监测系统》与《基于音频识别卫星通信的濒危动物检测系统》参加了北京市青少年科技创新大赛。

通过四年多的摸索与实践，北京市八一学校的"小卫星"活动逐步完善，"小卫星"活动相关的课程打磨、学生选拔、工程实践、竞赛指导和参与越来越成熟，自首颗中学生科普卫星发射之后，活动每年持续、稳定在学校开展，不断受到学生和家长的好评，活动已经成为北京市八一学校打造航天特色、培养科技创新人才的一个重要的外化标签。

专题5　人才计划活动组织与实施

目前由中国科学技术协会、教育部以及北京市科学技术协会、北京市教育委员会等主推的针对青少年的人才计划活动主要有英才计划、北京科技后备人才早期培养计划、翔翔计划和北京青少年科技俱乐部等。

社团活动案例一：
星云社社区天文夜
活动

一、英才计划

为贯彻落实《国家中长期教育改革和发展规划纲要（2010—2020年）》的有关要求，切实促进高校优质科技教育资源开发开放，建立高校与中学联合发现和培养青少年科技创新人才的有效方式，中国科学技术协会和教育部自2013年开始共同组织实施中学生科技创新后备人才培养计划（简称"英才计划"）。"英才计划"旨在选拔一批品学兼优、学有余力的中学生走进大学，在自然科学基础学科领域著名科学家的指导下参加科学研究、学术研讨和科研实践，使中学生感受名师魅力，体验科研过程，激发对科学的兴趣，提高创新能力，树立科学志向，进而发现一批具有学科特长、创新潜质的优秀中学生，为"基础学科拔尖学生培养计划"输送后备力量，并以此促进中学教育与大学教育相衔接，建立高校与中学联合发现和培养青少年科技创新人才的有效模式，为青少年科技创新人才不断涌现和成长营造良好的社会氛围。"英才计划"目前在15个省市的20所高校实施，在6个省市的10所高校开展省级试点。入选学生可在所在城市实施高校接受为期一年的培养，也可根据个人意愿申请参加继续培养。2020年"英才计划"计划培养中学生900名左右，每位高校导师培养学生数不超过5人。

社团活动案例二：
耳闻之不如目见
之，目见之不如
足践之

二、北京青少年科技后备人才早期培养计划

北京青少年科技后备人才早期培养计划（简称后备人才计划）是北京市科协从

1996 年开始实施的，主要面向北京市高中一年级学生，遴选其中学有余力并有志于科学探索的学生，为他们提供与杰出科学家和现代高新科技零距离接触的机会。学生们可从接触中自由选择一个感兴趣的小课题作为载体，在以导师为首的科研团组的指导下，利用周末和寒暑假时间，接受科学思想和科学精神的熏陶，掌握初步的科学实验方法，培养务实求真的科学态度，提高自身的科学素养以及创新思维和科学实践能力。2019 年是第 19 期后备人才计划，现有基地校 50 所，北京大学、清华大学和中国科学院等重点实验室 100 余家，院士、教授等指导专家 160 余名，涉及化学、工程、物理、计算机、行为与社会科学等 12 个学科，所培养的学生多次在国内外科技竞赛中取得佳绩。

人才计划活动网站

三、翱翔计划

翱翔计划是北京市教委在 2008 年启动的，该计划采取中学与大学联合培养的方式，分为化学与生命科学、数学与信息科学、物理与地球科学、人文与社会科学四个领域，实行"三导师"制。翱翔计划可以让通过面试选拔的学生在高校、科研院所实验室特有的氛围中亲历一个完整的科学研究过程，进而对科学研究和成为科学家产生兴趣，形成持久的科研兴趣，立志投身科学研究和成为科学家，为人类可持续发展做出贡献。北京教育科学研究院负责组织实施，高校、区县教委、示范高中校相关人员共同参与。翱翔计划纳入高中研究性学习课程，自高一年级第三学段至高二年级末，共计 15 学分。

四、北京青少年科技俱乐部

北京青少年科技俱乐部是由中国科学院王绶琯院士发起，61 名科学家联名倡议，1999 年 6 月成立的。北京青少年科技俱乐部开展了"科学名家讲座""野外考察""科研实践活动""成果评议""科学沙龙"等多种教育形式，旨在为培育科学杰出后继人才铺路搭桥，引导有志于科学且已显露科学禀赋的优秀高中学生"走近科学"，进入我国第一线的科研团组，体验科研，从中发现"科学苗子"，帮助他们及时"走进科学"。深受学生欢迎的"科研实践活动"在科学家和中学生之间搭起了"以科学会友"的桥梁，为学生们在真实的科学环境中创造求师交友的机遇，促使他们自己去发掘、去争取、去"发现"和"被发现"，同时帮助他们在奋发进取的祖国科学前线的气氛中获得参与和认同的感受，发掘并发挥了学生的领悟能力、思维能力和创造能力。

五、政府项目及人才计划的组织与实施

青少年科技创新活动一直受到国家和地方政府的关注，各种科技俱乐部和科技人才计划相继推出，为创新人才的成长奠定了基础。

（一）确定人选和把握时间节点

1. 确定人选

按照人才计划的要求推荐学生申报，经相关程序确定入选人选，做好过程性跟踪和阶段性评估，及时反馈和调整参与活动情况。

2. 时间节点

一般来说，组织学生活动和参加竞赛都以学年为时间单元来考虑，按竞赛的时间节点来组织。一般的国内和国际赛事在 5~8 月进行，所以建议 9 月开学时做好上一年度的总结和新一年度竞赛的准备。

（二）研究方向和选题原则

1. 研究方向

纵观科技创新活动和竞赛类型，可以把学生的研究方向大致分为三类：研究性、技术性和表演性。因此，在教师指导学生活动时，首先要根据学生的兴趣特长确定研究方向，这样，才能最大限度地发挥教师和学生的长处取得最好的效果。

按照青少年科技创新大赛的评审标准，选题要遵循"三自"（自己选题、自己设计和研究、自己制作和撰写）、"三性"（科学性、创新性、实用性）和"五要素"原则（提出和聚焦问题；设计研究方案；收集和获取证据；整理信息、分析数据、得出结论；表达与交流）。充分考虑中小学生进行科学探究活动的特点和水平，需要从项目涉及的科学知识、科学探究、科学态度和科学技术对社会的作用四个方面进行评审。

2. 选题原则

选题要坚持科学性原则；绝不轻易否定你认为正确的研究方向；坚持必要性和创

新性原则；避免选题空洞，缺乏实际研究内容；充分发挥自身优势，坚持合理性与可行性原则。

（三）文献检索和项目查新

所谓"兵马未动，粮草先行"。确定大致研究方向和选题后，要进行文献研究和项目查新，特别是发明项目更是如此。查新报告是指每名申报者须在项目研究开始前和申报参赛前对项目选题和内容分别进行查新检索，并至少提交一份真实、规范的查新报告。

对于中小学生来说，咨询指导教师和专家是最直接有效的方法，因为他们有多年指导学生开展活动和参赛的经验。也可以查阅历年获奖文集和专业书刊，避免走弯路。

项目查新的作用是了解在本领域内别人已经做了哪些工作；确定自己的起点和方向；借鉴有益的研究理论、思路和方法；避免重复劳动，提高教育研究的效益。

（四）研究方案与实施计划

1. 研究方案

确定研究方案就是要确定做什么，怎么做？

确定实施计划就是给每个步骤确定时间顺序和每个阶段干什么。

2. 拟订实施计划

拟订实施计划建议采用 5W1H 的方法。

What——主题是什么？研究目的是什么？

Why——为什么这样做？有无需要改进的？

Where——场所在哪里？设备器材是什么？

When——有多少时间？研究进度怎么安排？

Who——人力如何安排？

How——研究方法和步骤是什么？

（五）撰写科技论文和发明项目书

《GB 7713—87 科学技术报告、学位论文和学术论文的编写格式》国家标准 1988 年 1 月 1 日起实施，对科技论文的撰写和编排格式都做了规定。尽管各篇论文的内容千差万别，不同作者的写作风格各有千秋，但格式完全可以统一。

专题 6　实践课程活动组织与实施

一、实践课程组织实施

实践课程多以年级或班级为单位，集中在一段时间（一天或一周不等），针对课程的开放性、自主性、探索性、实践性的特点，一般实施要注意以下环节。

（一）实施前策略

（1）培训教育。可通过讲座、课堂教学、网站、板报等多种形式，就如何进行研究性学习进行培训。在每次开展活动前进行安全、礼仪、法制等方面的教育。

（2）选择课题。由学生根据自身的兴趣，在教师的指导下，从自然、社会和学生自身生活中自主选择与确定研究专题。提倡课题的综合性、社会性、探究性、开放性、独特性；强调课题的需求性、创造性、科学性、可行性。鼓励课题形式的多样性，可以是文献研究、观察报告、项目设计、科学实验、社会调查、问题追踪等。

（3）制订计划。课题小组确定课题后要填写课题实施方案表格，内容包括课题名称、课题背景说明、课题的意义与价值、小组成员及分工、指导教师、研究目的与计划、活动步骤、活动场地与器材申报、预期成果等。

（4）搜索资料。根据计划，各成员承担自己的职责，通过图书查询、网络搜索、参观访问、问卷调查、实验记录等多种途径和渠道广泛收集资料，建议学生做好记录，有条件的可进行录像、摄像、录音等。

（5）整理总结。对收集到的各种资料，研究小组一定要进行讨论和分析，各成员都要表达自己对问题的认识与理解，然后对资料做出处理，如发现缺少材料，可继续进行收集。在这一过程中，学生可通过不断地整理、分析、验证、提炼等形成课题成果。课题成果的形式可以是研究报告、论文、项目设计、实验报告、科技作品等。

（6）交流评价。每个课题组把自己的成果以各种方式进行展示，同时学生小组展开互评和指导教师进行评定，并推荐出优秀课题进行展示。

（二）实施过程策略

（1）活动前教育。学校在活动前安排一定的时间进行安全、法制、礼仪教育。教育学生预防事故，注意自我保护；教育学生遵守法规，遵守实践地规章制度；教育学生礼貌待人，体现良好的精神风貌。

（2）内容选择与活动规划。学生根据自己的兴趣和已有的知识水平，从生活实际出发，从熟悉和关注的社会中选取活动主题与内容，并形成社会实践小组，聘请指导教师，联系好将要前去实践的地点或单位，制订小组活动计划，并在小组活动计划的基础上制订个人活动计划。将小组活动计划和个人活动计划报告班主任和指导教师并征得他们的同意。

（3）活动实施。确定活动主题，明确成员职责，制订活动计划。学生必须按计划进行活动，服从实践地负责人领导。班主任和指导教师要随时关注活动的开展情况。在活动中组长要协调好小组成员及各方面的关系，各成员应发挥团队精神，相互协作，确保活动的顺利进行；同时，要注意记录活动过程和活动心得。

（4）总结交流。活动结束后，小组完成社会实践报告。个人写出活动小结及活动过程中的体会、感受等，先在小组内交流，然后组织小组间的交流。形式由班级自定，可以是主题班会、班级网页、墙报展览等。

（5）评价考核。小组和个人提供相应的材料进行评价与考核，可以和学生的实践课程学分认定相结合，计入评价表中。

二、基于科普场馆

（一）科普场馆开展青少年科技教育活动成为常态

科普场馆是面向社会公众进行科普宣传和教育的重要场所，在增强公众科学素养和创新能力、促进人的全面发展等方面发挥了重要作用。科普场馆主要包括科技馆、科技类博物馆、科普教育基地、学校或行业企业科普场馆等。国家对科普发展的支持及广大民众对科学技术广泛普及的需求与日俱增，国内掀起建设科普场馆的热潮。统计结果显示，2018 年全国共有科普场馆 1461 个，比 2017 年增加 22 个；科普场馆展厅面积 525.70 万 m^2，比 2017 年增加 5.14%。其中，科技馆 518 个，比 2017 年增加 30 个；科学技术类博物馆 943 个，比 2017 年减少 8 个，平均每 95.51 万人拥有一个科普场馆。这些科普场馆通过图片、影片、模型、展品等展项反映国内外科学技术的历史与发展，展示基础科学、科技成就，从而成为青少年获取科学知识、提高科学素养的重要途径。在科普场馆规模不断扩大的同时，参观人数持续增加。统计结果显示，2018 年，科技馆共有 7636.51 万参观人次，比 2017 年增长 21.18%；科学技术类博物馆共有 1.42 亿参观人次，比 2017 年增长 0.27%。

科普场馆是青少年获取科学知识、提高科学素养的重要途径。幼儿、中小学生、大学生乃至全民都能够走进科普场馆参观并开展实践学习。随着科普活动的广泛开展，受众范围也持续扩大。2018 年科普工作在全国范围内形成了广泛的社会影响，包括科普（技）讲座、专题展览、国际交流活动和科技活动周在内的各类科普活动参加人数共计 8.92 亿人次，比 2017 年 ████████ "科技创新·强国富民"全国科技活动周、中国科学院"科学 ████████ 普日"等系列活动，通过点多面广的布局对全 ████████

随着信息时代的到来，如今 ████████ 完整、形式多样的科普信息，而不是过去单一的 ████████ 需求为导向，强调互动性和体验性，科学中心 ██ ████████

摆在中小学校管理者和一线 ████████ 从青少年实际需求出发，结合国家、地方、学 ████████ 在科普场馆中进行的科普知识学习更好地融合 ████████ 创新活动，使校内所学知识可以在校外得到很好 ████████ 习科学知识的主观能动性和学习效果。

不同于传统学校的学习 ████████ 富多彩的展陈和教育形式，在培养科学素养的 ████████ 是地域性或区域性的科学活动中心，集聚了生 ████████ 材料、机械、信息等工程技术展品，为青少年提 ████████ 普场馆还提供了开发与展览为一体的科学探究、 ████████ 拓展了展品所承载知识的外延，促进青少年 ██ ████████ 促使青少年主动开展探究实践活动，获取相关 ██

（二）在北京科学中 ████████

北京市广渠门中学（ ████████ 利用科普场馆开展实践课程。2018 年 9 月 15 日 ████████ 万 m^2 的北京科学中心（原中国科技馆老馆）改 ████████ 生存主题馆、儿童乐园、首都科技创新成果展示馆、球幕影院和首都科普剧场等 ██ 个场馆。

1. 沟通考察

广中通过与中心的沟通，初步定于 2019 年 1 月组织该校初一年级 600 余人走进试运行的中心开展实践课程。在活动前的沟通推进过程中，学校安排初一年级生物、物理、化学等学科备课组长和教师进行实地考察，讨论开展实践课程的可能性和角度、深度。教师们通过考察了解到，中心围绕国家发展强调的"生态"理念，针对公民关注的日常生活、社会热点问题，设置"生命·生活·生存"主题馆作为北京科学中心主要的科学教育功能承载地，避开了传统科技馆以展示现象为主的展览思路，通过主题化的展线设计，挖掘展项蕴含的教育价值，引导公众科学审视生命的价值、追求生活的品质、思考生态的和谐。

"生命"主题展展示了地球生命的形成、生长和发展规律，传递了人类对自身及地球生命的认识和反思，引导参观者思考与生物圈和谐共存的意义。这部分设置有"生命起源与进化"等展项，能够与初一学生的生物、科学课程产生知识、情感上的联系。"生活"主题展围绕与日常生活密切相关的便捷出行、衣食起居、健康生活、数字通信等内容，引导参观者感受和想象科技创新改变社会生活的美好图景，传递"科学改善生活，科技引领未来"的观念。"生活"主题展设置有"神奇大脑""病毒""轮子"等主题展项，与初一学生的生物、物理、计算机、科学课程有非常紧密的联系，是课堂知识外显，学科知识运用于生活实际的重要体现。"生存"主题展设立"自然独白""资源诉说""环境忠告""家园期待""城市行动"五个板块，呈现了人类在地球上的生存现状以及生存环境的变化与危机，诠释了人与自然之间的相互影响，并引导参观者反思可持续性发展的有效途径。"生存"主题部分设置有"农业技术""新能源技术""城市用水"等丰富的展项，与初一学生的生物、物理、化学、道德与法治、科学等课程均产生了紧密联系。

2. 设计实践活动学案

教师们了解了各场馆、展项的内容之后，与中心负责人重点围绕"三生"主题馆展项，结合初一年级学生的生物、物理、化学、计算机、科学、道德与法治等学科课程的进度安排，进行方案的初步设计。经过反复沟通，拟定了包括"生命的起源与进化""神奇大脑""农业中的黑科技""病毒的战争""新能源""物品的特征与作用""轮子的秘密""城市用水的前世今生"等主题的实践活动，并绘制了实践活动学案（图 2-1）。

图 2-1　北京科学中心活动学案

实践活动学案的设计以中心场馆、展项中的展示内容为主，结合初一学生的学科知识，引导学生通过观察、思考、讨论，学习相关知识，提升综合分析能力。实践活动学案的主题多样、内容丰富、排版精美，成为学生学习、交流、总结的载体。据了解，北京科学中心已经针对小学一二年级、三四年级、五六年级及中学七八年级各年龄阶段研发了 30 个展教课程，总计 120 个，并编制了一套规范、标准化的模块知识手册，保障展教课程的科学性、规范性和严谨性，为青少年以团队形式或个人形式参观和开展科技教育、学习交流提供了较为完善的课程体系和学习资源。

3. 确定实践活动组织形式

确定实践活动学案后，广中与北京科学中心进一步就活动的组织形式进行了沟通。广中初一年级共 14 个班级，每班 35～38 名学生，由一位班主任和一位任课教师带队。根据北京科学中心的科技工作者、志愿者团队人员调度安排，北京科学中心将为每一个班级配备导师进行讲解和介绍。出行前三天，广中科技教育中心、初一年级组长、各学科备课组长组织召开了初一年级会，下发实践活动学案，对活动当天的活动目标、活动方案、分组任务、学习和纪律要求等进行逐一说明。学生对实践课程的学习目标有了充分认知，有了更深入学习的愿望。各小组在接下来的几天中，由组长带领，进行了周密的任务分解和学习准备。广中初一年级组和科技教育中心第一时间将活动方案报请学校行政会讨论，并向北京市教委提交了活动请示和安全预案。

4. 实践活动开展

（1）教师讲解与体验。2019 年 1 月，广中初一年级走进北京科学中心正式开展实践课程。活动分为两个部分，第一部分为科学课程，由科学中心教师为学生们讲解科学知识；第二部分为自主探究，学生们带着学案在馆内进行小组合作学习。在第一部分科学课程的学习中，学生们结合地理、物理、生物等学科知识进行各领域的深入学习，了解了深海开采的原理、癌细胞的生长过程等。

北京科学中心为了让学生更加直观地了解汽车，将汽车进行了剖面处理，又以可互动的动画讲解加以辅助，深入浅出地说明了基本原理。此外，尽管学生没到能够驾车的年龄，但是应该具有交通安全意识，保障出行安全，因此，馆内还特意设计了"汽车盲区"体验活动。在导师为学生介绍过汽车的前、后及侧面盲区后，组织学生分别进入主驾驶位置，其他学生躲在划定的多个盲区中，请模拟驾驶员的学生在车内观察车身周围情况，然后点出看到的车外的学生。经过此项体验活动，学生们切身感受到在出行时，应该尽量避开车辆的盲区位置，真正学会在复杂的交通路况中保护自己。诸如此类，学生们应将理论与实践结合在一起，通过生动有趣的实验来理解深奥的科学理论，把课堂迁移到生活中，用知识解决实际问题。北京科学中心与展项关联的科学探索实验、工程设计制作、科学实验表演等数十个实践活动，也让学生们有了深入探索的机会，在提高学生们动手能力、实践能力的同时，更传播了科学思想和科学方法。

（2）学生小组合作探究。结束了收获满满的科学课程，离开了教师的跟随指导，学生们并没有迷茫和散乱，而是拿着教师们精心设计的学案，开始了小组合作探究活动。在人体相关展示区，学生可以根据自己的兴趣，通过逼真的模型及交互动画等设施了解到很多生物课本以外的知识。借助实践活动学案，学生更加积极主动地在展区寻找与生活实际密切相关问题的答案，并及时与同伴分享学习心得，无形间促进了合作学习。"根据你对生命的起源和进化的认知，对下列生物根据其出现的年代进行排序""不同时期大脑质量约为多少呢？""哪些办法可以解决能源危机问题呢？""材料的性能如何发挥重要作用？"等既有趣、又贴合学生生活的问题被小组成员在参观、交流、合作探究之下逐一解决。半天的活动很快就结束了，学生在回校的路上还在意犹未尽地分享着自己对展品、对知识的思考，学案上密密麻麻地记录下他们的收获与感受。随行的教师们也感到收获颇丰，为自己的学科课堂积累了更多生活真实情景、祖国科技发展的素材，更感受到其中所蕴含的科学思想和科学方法。

（五）场外实践活动总结

一次完整的活动，一个有实效的课堂，一定需要一个引人深思的总结。活动结束后，广中初一年级各班利用班会时间进行了实践活动总结。各班采取了不同形式的总结：有围绕某一知识或场景展开的专题讨论会、有邀请科学家深入报告的报告会、有由某一学生分享或主讲的演讲会、也有以小组为单位进行主题汇报的分享会。各班的实践活动总结都充满了教育性、知识性和趣味性，尽可能发挥了班级每一位同学的作用，并邀请了学科教师进行指导，班主任进行总结、提升。

（六）组织好科普场馆实践课程的重点和原则

（1）充分发挥学科教师和场馆科技辅导员的作用。教师要挖掘课程标准和场馆和资源对接点，将参观、实践活动的素材与课内教学相互融通，共同提升，发挥校内教师和场馆科技辅导员团队专业力量，把全员育人的目标落到实处。

（2）活动方案整合的原则。一般来说，类似北京科学中心这样的科普场馆已经形成针对不同展区的学习方案介绍，但并不都适用于各学段的学生，这需要多学科教师，根据前去学习的学生年龄特点及知识水平，将馆方提供的学习方案进行整合。

① 设计的学习内容能够激发学生的主动学习兴趣。

② 可将已学知识作为铺垫，引导学生在参观学习前进行复习。

③ 设置探究问题，让学生带着迫切想解决问题的状态走进场馆。

④ 所有探究问题应充分与馆内设施贴合，而不是从书本或网络上能够直接寻求答案。在对学校需求、学生需求进行精准化调研后，再将科普场馆提供的展示内容进行校本化、系列化、立体化梳理，构建从小学、初中甚至到高中的科普场馆学习和实践体系，通过定期学习、交流，充分发挥场馆优势，最大化达到协同育人效果。

（3）定期邀请科普场馆的讲师、科学家到校开展讲座。扩大受众面，突破场馆有限空间对接待能力的限制，也使学生从小树立远大目标，学有榜样。

（4）开展"互联网＋"科技教育。在学校官网、班级空间等链接北京科学中心、中国数字科技馆、中国科学技术馆等网站，供学生快速查阅、浏览。通过及时发布科技信息，介绍、讲解前沿活动，建立在线教师与学生互动、交流、在线问答的窗口。

三、研学旅行

（一）研学旅行的定义

2014 年 4 月 19 日，教育部基础教育一司司长王定华在第十二届全国基础教育学校论坛上发表了题为《我国基础教育新形势与蒲公英行动计划》的主题演讲。在会上，他首先提出了研学旅行的定义：研学旅行是研究性学习和旅行体验相结合，学生集体参加的有组织、有计划、有目的的校外参观体验实践活动。研学要以年级为单位，以班为单位进行集体活动。学生在教师或者辅导员的带领下确定主题，以课程为目标，以"动手做、做中学"的形式，共同体验，分组活动，相互研讨，书写研学日志，形成研学总结报告。

（二）研学旅行的意义

研学旅行是贯彻《国家中长期教育改革规划和发展纲要》和党的十八大及十八届四中全会精神的重要举措；研学旅行是培育和践行社会主义核心价值观的重要载体；研学旅行是全面推进中小学素质教育的重要途径；研学旅行是学校教育与校外教育相结合的重要组成部分。

（三）小学研学旅行

随着基础教育课程改革的深化实施，学校具有更多的课程自主权。在我国社会发展进步的今天，越来越多的家长支持学校组织学生开展国内和国外的研学考察活动。研学旅行作为一种研究性学习和实践活动学习的形式，有的学校叫作游学，有的学校叫作综合实践，有的学校叫作科学考察，有的学校叫作博识课等。

2013 年 2 月，在国务院办公厅引发的《国民旅游休闲纲要（2013—2020 年）》（国办发〔2013〕10 号）中提出"逐步推行中小学生研学旅行"。2014 年 7 月，教育部颁发《中小学生赴境外研学旅行活动指南（试行）》，对境外研学旅行的教育目标、课程内容、活动方式、学习时间、学生年龄、具体组织、教师配比等，都提出了明确要求。

研学旅行的实施可以与国家课程相结合，运用在国家所规定的学科课程中学到的知识和原理，解释和解决与学科密切相关的问题，主要表现在学科实践活动或跨学科实践活动上。

小学研学旅行课程设计与实施方式的特征特点：鼓励学生与大自然、社会进行亲密接触，提高自理能力，培养自我反思的习惯，为学生健康身心和美好心灵打基础，给学生融入自然和社会提供机会，为学生快乐成长、成才打下良好基础。

在教育为本，安全第一的原则下，小学研学旅行课程体系主要以乡土乡情为主，初中阶段以县情市情研学为主、高中阶段以省情国情为主的研学旅行体系。

　　小学生研学旅行的学习方式一般包括合作学习、体验学习、探究学习、听讲学习、阅读学习等，而游戏学习、娱乐学习、互助学习、表演学习是在学生小学阶段效果较好的几种方式，找到适合学生年龄层的学习方式才能收获最好的研学旅行效果。

　　小学生在研学旅行中一般研究"是什么"的知识探究型课题，它不同于"为什么"的准学术研究型课题和"怎么办"的创新型课题，面对研学旅行中小课题的研究方法同样是学生重要的学习内容之一，通常采用观察研究、文献研究、调查研究、实地考察、实验研究等，通过一系列的研究过程最终解决困惑，激发兴趣，尽管在操作层面学生的动手能力降低了实验的精准度，但严谨的科学态度是他们课题研究初期应感受与学习的。

　　小学生研学旅行的内容既要考虑到学生的兴趣点又要与研学基地的现实情况紧密联系，不同的环境涉及的研学内容也不相同。例如，北京市市内与市外研学就有很大差异，可以通过学生感兴趣的植物（农作物）的种类或耕种方式、江河湖海水体的变化、空气质量、风土人情，甚至饮食文化、建筑特色等方面展开。

　　小学研学旅行是学生离开家长独立进行的集体活动，对于未成年这样一个相对弱势的群体，体验旅行的过程中要逐步培养学生的集体意识，慢慢在过程中学会听教师指挥、每时每刻做到讲秩序，在团队中互相帮助、善于合作、勤动脑、多经历，对于学生来说就是一种成长。

　　以下以北京市海淀区中关村第二小学参加北京学生科技文化（重庆）夏令营为例，说明小学研学旅行组织的过程。

1. 研学活动的准备与规划

　　研学地点的选择与调研工作主要由研学活动的组织方与校方共同研讨决定。研学地点主要选择便于学生实施科学考察或历史文化学习的场所。室内与户外相结合的研学地点能够更好地应对突发天气变化带来的隐患。在充分听取学校教师与学生的建议后，初步定下研学地点，开发适宜小学生研究与学习的相关课程，保障研学的整个过程规范而严谨，严格遵守教委及相关规定。

2. 充分的安全教育工作与规范的流程准备

　　出发前学校围绕此次研学地点、内容，特别是安全对学生及家长进行教育与沟通，每次家校交流都要做到规范而全面。学校教师要保留学生家长的紧急联系方式、学生身体状况等资料，以备研学过程中出现紧急情况时使用。

按照北京市教委规定准备好全套材料并报备，提前 15 天进行审批流程，制定详尽的各类安全预案是开展研学工作的基本保障，清晰掌握应急事件处理的流程是学校对每位参与研学教师的根本要求。

3. 围绕研学地点准备相关物资

基于研学地点的情况，教师在团队出行前向家长与学生共同宣教出行准备，不仅要提示家长准备好学生自身所需的物品，还要围绕研学地点的气候与环境准备相对应的物品。例如本次研学的地点是重庆山区与城市博物馆，高温、潮湿、多虫是当地的典型气候与环境特征，驱蚊药、止痒药以及预防中暑的药物是出行必备；另外，最好提醒学生穿户外登山鞋（不穿新鞋），以便学生在跨越潮湿的草丛时避免露水打湿和蚊虫叮咬。

4. 行前统一思想说明会

出发前围绕研学中可能出现的情况对学生进行说明，沟通行程安排及相关后勤保障信息，进一步强化组织的重要性及一切行动听指挥的必要性，做好学生的思想工作。研学过程中提示学生尊重当地人，尊重自然，不做破坏自然，伤害动物等不文明行为。

（四）中学研学旅行

研学旅行是由学校根据学校校情，结合区域特色、学生年龄特点和各学科教学内容需要，组织学生通过集体旅行、集中食宿等方式走出校园，在不同于日常生活的活动中拓宽视野、丰富知识、促进知识与实践相融合。研学旅行继承和发展了我国传统研学"读万卷书，行万里路"的教育理念和人文精神，是素质教育的新内容和新方式，学生们在研学过程中可以提升自理能力、创新精神和实践能力。

研学旅行是让学生集体走出校园，共同开阔视野的最好时机，受到学生们的喜爱与一致认可。如果研学旅行组织不好也会适得其反。为此，组织一次好的研学活动，需要在前期做大量的准备工作，如结合校情、学情等实际情况，全面征求师生、家长、学校、教委等意见和建议，逐步完善行程规划。当然，行程规划要让学生在轻松愉悦的过程中，感受到课堂知识与实际生活的无缝衔接，并学习在校园外进一步规范言行，自我管理。

以下以北京市育英学校科考研学旅行为例，说明研学旅行是如何组织的。

1. 研学旅行前的准备

（1）前期调研与规划。研学是一项意义深远的活动，学生离开监护人，独自与同学、教师一起外出，安全问题需要放在第一位考虑。因此，前期调研需要做的工作很多。

① 行程方面的准备。根据本地实际情况以及校情、学情等，进行整个行程的全方位规划。规划行程可将需求与校内招标的旅行社进行沟通，如侧重科技或历史文化等的安排等，并根据方案再进行细化完善。

行程确定后，及时公示给相关师生，听取师生意见与建议，根据实际情况，再次进行整体或部分的适当调整。

在整体规划中要注意：规范使用地方政府采购指定的相关车辆，以及学校招标的相关旅行社等。严格遵守国家各项经费标准，如食宿、用车等。

② 师生方面的准备。虽然研学旅行深受学生喜爱，但由于学生身体、家庭情况等多种因素，会有个别学生或教师无法参加。为此，在规划初期要全面考虑，并妥善管理与安排好参加外出研学的师生与留校师生的相关各项细则工作，如留校师生的新课表等。

（2）规范流程。再好的活动如果得不到家长的支持也是枉然。在前期沟通无误后，需要发放家长信，让家长了解行程安排，并接收家长的签字回执，妥善保管回执，确保每一个学生家长知情，并同意学生参加。

按照学校规定，上报研学活动方案等资料，确保负责相关工作的校领导知情，并同意组织活动。

根据所在市区教委的统一规定，按照规范上报教委学生外出研学的所有资料，做好备案工作。

另外，还要提交所需电子版和纸质材料，如学校外出备案表、车辆租赁安全协议、行程家长通知、活动行程方案、踩点说明、各类安全预案（如交通、食品、住宿、突发情况应急等）、随行人员信息等内容。

（3）行前说明会。出行前需要全体师生开行前说明会，确保每一位参加活动的人员知道行程安排，同时强调行程中的一些注意事项，如安全第一——注意人身和财产安全，一切行动听指挥；自我管理——用规范言行管理自我，严格遵守并尊重当地风俗习惯，做文明人；学习方面——珍惜学习机会，用心体会、认真梳理并总结。注意，如果发现问题，一定要及时反馈给带队教师或带队领导，避免问题遗留。

2. 贵州研学纪实

（1）开营仪式

同学们在开营仪式上分享了为本次研学提前做好的"功课"，提起贵州的地理位置、气候特点、人文历史等都如数家珍。

（2）研学之路

① 天文之旅。"中国天眼"已经成为贵州的一张新名片，也是吸引这些求知欲旺盛的学生们前来探秘的热门。在这里，他们要走进天文小镇——克度，深入探访举世闻名的 FAST（500 米口径球面射电望远镜），系统学习天文学知识，将目光投向无垠的星空。

本次研学，学生们在中国科学院国家天文台专家的介绍下，从一场科普讲座走入天文的世界。初见 FAST，首先感受到的就是它壮观的外表，如果不是亲眼所见，很难想象如此巨型的装置究竟是如何从无到有建设起来的。而这颗"天眼"岂止于大，它还有更大的科研用途，不仅承担了国家宇宙天体探测的重要任务，更让贵州这片古老的土地焕发出新的生机。除了见证"天眼奇观"，学生们还走进了兼具古风与现代感的天文体验馆，见证了中国人几千年来探索宇宙与星空永不消逝的热情，以及一代又一代天文人生生不息的努力与奋斗。大家越深入了解浩瀚的宇宙，越感慨自然的神奇与人类的渺小。正因为未知世界太迷人，才吸引着一代又一代科研工作者毫无保留地奉献自己的青春。

② 黄果树之旅。黄果树瀑布因连环密布的瀑布群而闻名天下，不仅是贵州的地标性景观，更是地质学爱好者的乐园。穿过层层叠叠的葱茏苍翠，学生们被眼前壮阔激荡的景象惊呆了，自然的伟大在于它未经雕琢却总能带来美的震撼。有细心的学生已经率先发现了这里与北京截然不同的地质特征——喀斯特地貌，充沛的水流裹挟着岩溶物质长期冲刷着岩石，大自然用一双无形的手打造出瑰丽的景致。面对震撼的自然景观，学生们还就地展开讨论，从地质学讨论到人与环境的关系，从自然景观聊到文人墨客笔下风姿各异的黄果树美景。

在大自然中一路走来，酷爱研究昆虫的刘开太同学还发现了很多北京见不到的昆虫，吸引学生们一起进入新的发现之旅。刘开太同学还把本次的研学感受，写成《夏天留下的小秘密》的短文，发表在了当时的《北京日报》（图 2-2）。

③ 人文之美。除了领略千年形成的自然风光，质朴的人文之美也是构成贵州文化不可或缺的重要组成部分。

图 2-2　发表在报纸上的学生研学作品

青岩古镇：学生们在细雨迷蒙的清晨走进了青岩古镇，青砖灰瓦让这座宁静的小镇显得古韵悠长。学生们都不约而同地压低了声音、放轻了脚步，生怕打扰了这份宁静。天光渐起，古镇集市热闹起来，熙熙攘攘的街市，自然淳朴的叫卖声，琳琅满目的土产与民俗小物构成了一幅专属于青岩古镇的风情长卷，对于久居都市的学生们来说，这或许是他们生命中的重要一课，对生活的触感在行走中越发深刻。

多彩贵州城：《芦笙恋歌》对于学习音乐的学生们来说再熟悉不过了，而贵州就是芦笙的故乡。在多彩的贵州城里，大家不仅重温了芦笙温润美好的乐音，还见识到了不少他们闻所未闻的乐器。这些乐器都是就地取材制作而成，凝聚了当地人的智慧和对艺术的追求。除了乐器，这里还展示了大量的非物质文化遗产，大家在参观中发现，虽然不少传统文化都随着时代的变迁消失，但文化的变迁却从未停止它的脚步，希望美好的东西能够被更多人发现、珍惜，让它们世世代代传承下去。

郎德苗寨：学习了大量的民俗文化知识，学生们终于有机会置身于真正的苗家村寨感受当地的少数民族文化。这里大量使用榫卯结构搭建而成的木质建筑可以经历二十余年而屹立不倒，依山而建的寨子既实用又美观，家家户户都热情好客，他们以酒迎客、以歌会友，真正让学生们体会到了什么叫"仙乐飘飘处处歌"。学生们三三两两地走在苗寨的山间小道，看家家户户叮叮当当地敲打制作着精美的银器，静静感受这里的山水草木。

黔东南州少数民族博物馆：贵州是多民族聚居地，人们熟知的民族就有苗族、布依族、侗族、土家族、彝族等。多民族混居，意味着文化的碰撞与交流，更催生出了源远流长的传说与多姿多彩的民俗。在这座少数民族博物馆里，同学们跟随讲解员的介绍系统地梳理了当地少数民族文化的基本知识，对千年形成的民族流变有了全面而清晰的认识。

欣赏完丰富多彩的异域风情，学生们都纷纷表示，希望这些精致的银器、刺绣与制衣的手工技艺、文字的传承能够得以完整保存与传播。

④ 灵动自然。黔灵山公园：还没到黔灵山，学生们就对这里的美猴王们有所耳闻。当真正踏进它们的领地，才领教了什么叫"山中无老虎，猴子称大王"。动物的野性激发了学生们对人与自然如何和谐相处的思考，不随意戏耍、不随便投喂体现了学生们对生命的尊重。其他游人听了学生们的讨论，也纷纷受到影响，开始重新审视环绕在我们周围的小生灵。

花溪湿地：花溪湿地让学生们在忙碌紧张的研学之旅中度过了一个难得的悠闲午后，素有"地球之肾"的湿地生态系统果然名不虚传，这里湿润的空气与满眼的新碧让大家感受到了什么叫作真正的"小清新"。学生们在行走中边观察，边默默记录着老师讲解的知识。他们知道了湿地系统为地球贮存着大量的水分以备不时之需，丰茂的湿地植物处理着现代工业排放出来的大量二氧化碳，同时也过滤掉了污物与有毒物质……没想到这里看似温柔，却有着无比强大的力量，真是可爱又可敬。

（3）研学旅行后记

研学旅行进入尾声，也到了检验学习成果的时刻。大家各显神通，纷纷拿出看家本领，讲述这几天来他们走过的路、看过的风景、学到的知识、获得的感触……点点滴滴让在场的教师、专家感慨："孩子们探索的精神与深厚的积累令人感动。"

很多时候我们将教育比作静待花开，需要耐心和细心去浇灌。或许在不经意间的某个细节，就会激发出他们无限的潜能，希望他们能在今后的生活中不光饱读万卷书，也要走出象牙塔去感受世界。

中关村第二小学研学材料

最好的课堂在路上——研学旅行电视节目

四、学农活动和校园种植

（一）学农活动

为贯彻教育部、共青团中央、全国少工委《关于加强中小学劳动教育的意见》，落实立德树人的根本任务，促进学生全面发展。2015年10月，北京市教委启动中学生学农教育实践活动，把劳动生产、劳动技能、社会实践和研究性学习相结合，使学生学会劳动懂得珍惜。在学农活动这一周里，学生自带铺盖、自主选课、自主选举班干部，培养自己的独立生活能力。每个学生都要参加田间劳动和车间劳动，要学做饭，要打水挑水。各学农基地的活动课程体系不断完善，开发了200多门接地气、接课本、接生活的学农课程，涉及农业与生产、生活、创意、生态、文化等领域。习近平总书记2018年9月在全国教育大会上指出："要培养德智体美劳全面发展的社会主义建设者和接班人"，并特别强调："要在学生中弘扬劳动精神"。教育引导学生崇尚劳动、尊重劳动，懂得劳动最光荣、劳动最崇高、劳动最伟大、劳动最美丽的道理，长大后能够辛勤劳动、诚实劳动、创造性劳动。

从学农基地看，北京市教委已建设包括北京农业职业学院、中国农业机械化研究院和北京农学院在内的三个劳动教育基地，覆盖城六区的107所学校。全年完成学农活动的学生人数达到近3万人。从课程设置上看，包括科学领域和技术领域，学生在原汁原味的劳动生活场景中了解、体验、熟悉劳动技术知识和技能。

参与学农活动的学生主要是初中生。十三四岁的初中生，是抽象逻辑思维由经验转化为理论的关键时期，是创新思维和创新人格形成的关键时期。这一时期，学生好奇心和求知欲表现强烈，学习动机与方法趋于主动。学生开始主动寻求新思路、新方法，运用自己的创造力去解决新问题。随着学生自我意识的觉醒，批判思维、辩证思维等也有了显著发展。与此同时，在教师的引导下，学生能够把所学各学科知识串联成知识网络，形成一个具有逻辑联系的架构化知识体系，增强了知识的实用度，使思维更加活跃。学农课程实施突出体验性和参与性，融合了生物、地理、科学、物理等学科课程的知识和技能，以专题或项目等形式开展跨学科教育活动，能够显著促进学生知识体系的有效建构，使学生得以有机会自我提问和深入思考，并通过内化来真正将知识应用于实践。此外，学农活动中，学生亲身参与到每一个步骤的衔接和内部联系中，思考、探索、发现实验或体验过程中的种种现象，主动融合知识与技能，锻炼学生的创新能力和思维能力。所以，学农活动不仅能够有效地激发学生的劳动兴趣，更着眼于培养学生创新精神和实践能力，从而提升科学素养。

1. 学农课程的设置

（1）科学领域。通过理论课程和实践活动，掌握与生物、物理、化学、科学课相关知识并拓展延伸。如认识蔬菜，焖米饭，蒸馒头、花卷，设计制作五谷画，养蚕，制作牛奶香皂，孵化小鸡，检测乳制品等课程，由学农基地教师和学校教师分别进行授课与辅导，融合学科课程知识，加深学生对学科相关理论、概念的理解。

（2）技术领域。学农基地具有食品深加工厂房和操作间，添置了各类农业机械化装备，充分利用了种植养殖试验田开拓学农场地，学生参与到现代农机田间耕作展示、无人机操作、渔业、纺线织布、生态农业与环境保护、红军可乐、米酒酿造、水稻插秧与收割、无土栽培技术等实践活动中，在原汁原味的劳动生活场景中了解、体验、熟悉这些现在学生生活中不易接触的技术知识和技能。

2. 学农活动要求

（1）活动过程中，学生按学农班级教师的要求活动，准时上下课。尊重学农基地教师和相关辅助人员；尊重民族习惯；服从安排，听从指挥；认真遵守各项规章制度；切实做好安全工作。

（2）学生统一穿校服，组长及时汇报活动情况，掌握活动时间和纪律。

（3）学农过程中，每个学农班级、宿舍和就餐安排一位负责学生，检查学校效果、礼仪、卫生等。

（4）在学农过程中如果出现学生摔伤等意外事件，班主任教师应及时通知随队校医，校医根据学生的伤势情况选择就诊医院，由学校教师陪同前往医院就诊，并及时联系家人。

（5）节约粮食、水电，爱护学农基地的一切公共设施、农作物和绿植，故意损坏的物品应照价赔偿。

（6）严格遵守操作规定，正确使用工具，未经允许不得擅自接触动物，以免发生意外。

（7）学农活动结束后，交流和上交学农感受。感受以文字性表达形式为主，也可以少图文并茂。

3. 学农活动的意义

学农教育实践活动是北京市全面实施素质教育，促进学生身心健康和全面发展的重要举措。活动促进了学校教育与社会教育的融合，促进了城乡教育一体化发展，让学生感悟到劳动的艰辛和快乐，增强了学生独立生活能力和自主管理能力。学农实践活动让学生在深化学科和科技知识的同时，谨记一粥一饭的来之不易与半丝半缕的物力维艰，在行动中实践与传承中华民族传统的农耕文化和实干精神，用脚踏实地的奋斗创造自己幸福的未来，为青少年终身发展和幸福人生奠定基础。

北京市广渠门中学秦岭科考行

（二）校园种植

北京市海淀区 2019 年教育大会上，发布了《海淀区提升教育现代化水平建设教育强区行动计划（2019—2022 年）》，公布了 45 条教育建设目标。其中在第 26 条规定，普及校园种植，开辟专门区域种植花草树木或农作物，有条件的学校可适当开展养殖。

1991 年，珍·古道尔和一群想要给社区带来改变的坦桑尼亚学生建立了第一个"根与芽"小组，旨在为世界培养富有同情心的青年领袖。1994 年，"根与芽"进入中国，教育青少年理解人与自然的关系，鼓励他们为环境、动物和社区行动起来。现在已有超过 130 个国家和地区近 16 000 个"根与芽"小组活跃在世界各地的学校。"根与芽心田计划"于 2011 年启动，希望和北京"根与芽"小组的学生一起在校园里尝试种植应季瓜果和蔬菜，让学生们见证自己日常吃的瓜果和蔬菜从最初小小的一粒种子到发芽、开花、结果的过程。小组还举办有机农耕纪录片放映和分享会，和学生们一起造访有机农庄，去发现食物从哪里来，去找回人与土地、人与自然的联系，也从中探索学生们喜欢的、乐于接受的可持续生活方式。目前北京市有几十所学校结合实际开展了"根与芽心田计划"的校园种植活动。

北京市育才学校利用先农坛内的五谷园，结合初中生物课"种植五谷，体验农事科学"科技实践活动，让学生从平整土地，到春种、夏耕、秋收、冬藏，亲身体验了种植的乐趣。北京密云区大城子中心学校在县农业站的帮助下，从北京农学院和中国科学院遗传所引进的甘薯新品种一共有 50 种，在校园中进行了"七色甘薯进校园"的活动。现在，大城子中心学校大面积推广的主要有五色薯、紫薯、密选一号等 7 个新品种。学生的课程内容包括组建种植小组—设计方案—寻找基地—刨地、翻土、打垄—购买秧苗—栽种—翻秧—采集薯叶—观察记录—秋收—分析分享—宣传展示。学生们亲手栽种七色甘薯，了解它们的异同，掌握它们的生长特点，同时，"小手拉大手"号召家长大面积地栽种，找到脱贫致富的新途径。"七色甘薯进校园"成为学校的特色。

七色甘薯进校园

五、生涯规划

生涯规划是指让青少年尽早发现自己的潜能和特长，在自己擅长的领域找到自己的职业目标，为从事自己喜欢又擅长的职业做最充分的准备和规划。按照舒伯提出的五个生涯发展阶段，即成长阶段（0～14岁）、探索阶段（15～24岁）、建立阶段（25～44岁）、维持阶段（45～64岁）和衰退阶段（65岁后），可知中学生生涯规划主要在探索阶段。通过学校和教师让学生从个人兴趣、性格特质、天赋能力、价值观、愿景等各个角度去认识、了解自己，找出自己的独特性，看到人与人的差异，建立"自我"的概念，找到一个自我认同感，接着在现实生活中的各种职业中选择一些自己将来要从事的职业方向，通过职业探索、专业探索、行业探索进一步了解行业、职业，并在探索过程中验证自己的职业方向是否正确，并了解要实现自己的职业目标需要什么知识、技能和综合素质，并根据自己的职业方向，制订合适的教育计划、社会实践计划，明确自己大学的专业选择，尽早根据自己感兴趣的职业目标，从知识、技能和综合素质方面锻炼自己的职业竞争力，让自己进入社会后成为有用的人才。

北京师范大学附属实验中学自2005年开始创造性地开展生涯教育和学生发展指导工作，突破学科壁垒组建了兼具实践和研究能力的生涯师资团队。十几年来，生涯团队教师坚守教育初心，致力于促进学生自主发展、健康成长，构建以学生成长需求为依据、以生涯规划课程为支点、以生涯探索活动为平台、以生涯个体辅导为保障、以生涯学科融合为载体、以生涯体验式学习为特色、以学校文化为依托的生涯教育系统，并取得了可喜的研究成果。团队还编写了《生涯规划（高中）》《生涯规划管理手册（高中）》《高中生涯规划》等教材并面向社会公开发行，收获了来自全国各地的师生、一线教育者和地方教育部门诸多好评；开设了覆盖初、高中学生的生涯规划校本课程，创建了生涯活力课堂，采取分类、走班的形式进行教学，相继研发了个性化、体验式、可选择的10个生涯课程模块，使逾15 000名学生从中受益；创办了深受学生喜爱的北师大实验中学生涯探索实验室（Career Exploration Laboratory），实验室落成以来接待校外人士参访近30 000人次；研制了普适性的生涯教育模式，以指导和推广中学生涯教育。该模式撬动了生涯教育向专业化、系统化、整体化发展，为学生提供了多元积极的生涯体验，改进了学校常规教育教学活动，满足了学生成长的内在主线。生涯团队的研究成果"基于学生自主发展导向的生涯教育实践与研究"荣获2018年基础教育国家级教学成果奖一等奖。

六、遨游计划

　　"遨游计划"是由北京市教委统筹安排，由北京市教科院课程中心负责牵头组织管理，由各区县课程管理机构负责推进，各个实验学校根据不同研究专题组成项目联合体共同推进的项目研究计划。其目标是根据国家和北京市中长期教育改革和发展规划纲要的相关要求，鼓励实验学校在学校课程设置安排、人才培养模式的变革等相关试验点上进行适度突破与创新，扩大开放与合作，创新教育发展模式，为教育事业科学发展注入新的动力。

北京市育才学校
"遨游计划"

　　北京市通过义务教育"遨游计划"促进学校课程结构创新，从 2014 年 9 月开始，北京市 48 所实验学校以提高课程效率、减轻学生课业负担为着眼点，在课程管理、培养模式、教学方式、学习方式等领域积极探索。

七、社会大课堂

　　2008 年 8 月 26 日，北京市委、市政府印发北京市中小学生社会大课堂建设方案的通知，从 2008 年 9 月 1 日起，北京市中小学生社会大课堂（以下简称社会大课堂）正式启动。

　　北京市中小学生社会大课堂是教育行政部门联合本市各有关部门以及行业管理机构，整合利用北京丰富的人文、自然资源，以爱国主义教育基地、公益性文化设施、科研院所、企业、农村、社区等社会资源和有条件的高等院校、普通中小学、中等职业学校等教育系统内资源为依托，本着"合力建设、成果共享、服务学生"的原则，通过提供免费或优惠的场所条件、安全的活动环境、适当的教育教学内容，为学校集体组织和学生个人开展丰富多彩的课外、校外活动，开展研究性学习、社区服务、社会实践以及组织学科教学活动等创造条件。

　　社会大课堂建设是贯彻落实党的十七大精神的重要举措，是惠及北京百万中小学生切身利益并深受学生欢迎的实事工程，符合中小学生健康成长的需要，具有广泛的实践基础。社会大课堂工作有利于推动首都的文化建设、文明建设；有利于体现首都教育现代、开放、社会化的理念；有利于全面贯彻党的教育方针，深化教育改革，大力推进素质教育；有利于动员社会各方面力量为青少年学生创造良好的成长环境，形成全社会共同育人机制。

北京市中小学生
社会大课堂手册

专题 7   校外机构科技场馆和兴趣班的组织与实施

一、校外机构兴趣班的组织与实施

校外机构科技兴趣班以科技专业教学或科技普及活动为主要教学形式，提倡教学活动化的教育理念，引导学生以项目式教学、体验式教学、探究式学习以及任务驱动式教学参与到教学活动中，各个科技学科结合自身学科特点促进学生认知水平，提升学生综合素养，完成在科技教学活动中的育人过程。

校外机构科技兴趣班具有形式丰富、主题鲜明、形式多样的特点，可供学生学习的学科种类非常广泛，涉及单片机、机器人、编程、模型、电子、生物、化学等多个科技学科领域，学生可根据自身兴趣选择适合自己的学科深入学习，每年约有 30 次课，每次课 90 分钟，且教师会根据每次课的教学内容设计相关教学活动主题，由于班级中学生年龄不一，因此，教学方法和教学目标也应具有一定的阶梯性，既有基础任务又有拓展任务，以便适合不同学龄段的学生。

校外科技兴趣班的课程大致分为日常教学、竞赛训练和项目式教学三种形式。日常教学以学习科学知识，提升科学技能为主，学生在课堂上通过观察、体验、制作、实操等多种形式学习掌握本专业的科学知识和技能。竞赛训练则以短期教学活动为主，通常为参加某一项科技竞赛做准备，以竞赛为驱动力，围绕相关竞赛内容开展一个短期的集中式训练，这种形式可以有效地提高学生集体责任感和团队合作能力，提升学生实操和制作的熟练度，以及相关竞赛内容的知识拓展。项目式教学是一种以研究或制作某一实际项目为载体的研究式学习，学生以个人或三人以下（含三人）小团体为人员配置的教学活动，从选题、调查、研究、制作、测试、反馈、结论等项目实施开展的一系列教学活动，这种教学活动有助于提高学生知识的迁移能力。

二、青少年科技馆

青少科技馆是指以科技类内容为主，可供青少年参观、学习、活动的场馆。北京地区的青少年科技馆基本可以分为以参观为主的科技场馆（如中国科技馆）和以学习为主的科技馆（如北京市宣武青少年科学技术馆）。以参观为主的青少年科技馆从内容上主要是以展品为主，学生通过观看或以互动的形式体验展品，了解展品的科技原理和功能，场馆也会定期组织科普活动，但多以本馆内的展品内容为主；而以培训为主的青少年科技馆则以科技培训课或科普活动为主，学生通过在课堂上系统地学习科技知识，掌握一定的科技技能，教室布局也主要以专业教室为主，主要上课时间为每周末，这类科技馆都是直属各区教委，教学内容具有一定的专业性。以参观为主的青少年科技馆在内容上属于横向的，具有一定广度；而以培训为主的青少年科技馆在内容上则属于纵向的，具有一定的深度。

下面重点介绍培训类青少年科技馆的现状及其上课形式和内容。这类科技馆多以培养学生具体科技技能为主，学生参加例如创新大赛等重点比赛项目多来自这类科技馆中，在这类青少年科技馆中的学生课堂教育教学活动也就是我们通常所说的兴趣班。

1. 培训类青少年科技馆发展现状

2015 年李克强总理在政府工作报告中提出"大众创业，万众创新"，将创新放到了一个更高的高度。2016 年，北京市教委提出将在全市校外教育机构开展校外教育"供给侧"改革，即培育一批创新项目、建设一批特色项目、发展一批精品项目的"三个一"活动，以促进校外教育的创新发展。如今，素质教育早已从最早的"提高全民素质"发展到如今的"创新教育"，就是赋予整个教育过程人类创新活动的特征，并以此为教育基础，达到培养创新人才和实现人的全面发展为目的的教育。

北京市各区县青少年科技馆根据自身特色开设了各种科技项目，如创新类、智能控制类、电子类、模型类等，参与校外教育的学生数量也在逐年递增，很多科目都出现了"一位难求"的现象，这种现象不仅说明科技教育正在蓬勃兴起，更说明家长的科技素质达到了一定水平。同时，社会大环境对校外科技教育的要求也更加严格。北京市教委和各区教委每两年都会举行一次校外教师基本功展示活动，以提升校外科技教师的专业素养和教育教学能力，近几年也出现了专门为校外教师开设的继续教育课程等教研活动，整个北京市的校外科技教育都处在上升阶段。

2. 人员选拔

北京市各区县青少年科技馆大部分学科采用自愿报名和选拔报名两种机制。同一班级中学生的年龄具有差异性是校外教育的一大特点，因此，校外科技教育活动基本采取小班教学和个别辅导相结合的方式进行。班内学生通过知识讲授、任务实验、体验制作、探究学习等多种方式进行知识积累。当学生具备一定知识储备时，教师就会针对学生所掌握的知识引导学生参加适合自己的竞赛活动。学生在竞赛过程中既能检测自己掌握科技知识的水平，又能将自己掌握的知识应用于实践。因此，在日常教学中，教师们会定期采取各种形式的测评来评价学生的科学技术水平，选拔出适合参加竞赛的学生进行竞赛训练或竞赛辅导。当学生的科技水平和年龄达到一定标准时，会对学生进行升班或毕业的人员调整，空出的原班名额再通过自愿报名或选拔报名的形式补充新学员进入。

3. 活动的主题

校外教育的学科具有多样化的特点，没有统一的课程标准，其主旨在于引导学生在实践中应用知识。这就要求每个专业教师熟知本专业知识体系，只有这样才能设计开展从浅到深的活动主题。通常来说，青少年科技馆活动主题的设计都是围绕学期知识点进行设计的，每学期13～16次，每次活动90分钟左右。例如在机器人教学活动中，某个学期目标是引导学生对仿生类机器人进行学习探究，那么围绕这一学期的目标，就会开设13～16次包括仿生结构、控制编程、仿生知识的活动主题，引导学生循序渐进地对仿生机器人进行学习探究。活动主题的设计既需要教师全局把控本专业整体的教学进度、教学方向，又需要了解学生的知识掌握情况，从而制定学期目标，设定合理的活动主题，当然，在设计过程中有时还需要和社会热点相结合，以提高学生对社会热点的关注，提升知识的实践应用能力，培养学生的创新思维。

4. 梯队的建设

青少年科技馆的学生梯队通常分为兴趣普及、初级班、中级班、高级班、竞赛训练等形式，教师周一至周五通过学校每天下午的课后兴趣课对校内学生进行科技专业学科的教育教学，这样的教学活动也叫作"下校教学"，简称"下校课"。这种教学活动通常以较为简单的知识、技能普及为主，根据学生自身的学习情况和学校社团的开展情况，有的学校会开设较高水平的社团供学生参与，有的学生则会被推荐到科技馆进行进一步深造学习。因此，科技普及层的学生一般都在学校兴趣课和科技馆初级班，有一定科技基础能力的学生则进入科技馆中级班进行科技实践和学习，而具有一定水平且可以自主设计完成项目的学生则进入高级班或竞赛训练班中。参加创新大赛等高水平科技竞赛的学生多出自不同学科的高级班或竞赛训练班。

5. 活动的落实

以北京市宣武青少年科学技术馆机器人小组的"智造机器人"项目为例，项目采用乐高机器人、Arduino 开源软硬件、Inventor 建模技术和 3D 打印技术四方面内容为主体，通过沟通、体验、操作、制作、编程、调试、分享等环节全面培养学生的机器人制作与编程设计能力，为学生构建一个从简入深，从玩具化到专业化，从理论教学到实践活动的阶梯形教学模式。

（1）从玩到学，再到应用的教学理念

"智造机器人"项目以乐高机器人知识体系为入门基础教学，使用 Arduino 开源软硬件，通过 3D 打印和 Inventor 建模技术，引导学生自主探究机器人制作，从入门到设计再到研发，最后进行讲解分享，鼓励学生学以致用，培养学生服务他人的意识，形成了阶梯形的教学模式，着力培养学生各学段发展的核心素养。"智造机器人"项目在教学过程中注重引导学生运用工程思维分析问题、发现规律、构思设计、解决问题、改进方法，有利于培养学生的思维方式和终身技能。通过引导学生将自己掌握的机器人知识与技术，以讲解的形式定期到学校或社会场馆为他人讲解相关机器人知识。整个教学项目的梯队建设从引导学生学习乐高学具开始对机器人有所了解，到学习 Arduino 开源软硬件探究机器人，再到 Inventor 建模自主设计研发机器人，形成了一个完整的三级阶梯形教学模式。

（2）教学模式下的学生项目

北京市宣武科技馆学员制作的"基于腿部软体结构的缝隙四足机器人"项目就是使用 ABS 和 TPE 材质，通过 3D 打印技术和 Inventor 建模技术自主开发设计的软体腿结构实现的一种新型四足机器人，再通过 Arduino 编程控制，完成机器人的行走、变形动作。"智能路面"项目是通过 Protel 软件，自行开发设计 PCB 电路板，再通过 Arduino 编程，使项目实现无序化判断组图功能。学生从玩具化的学习到专业的创新项目制作，北京市宣武科技馆为学生搭建了一个实践科学知识和技术的平台。

三、社会教育机构

在校外教育机构中，除了上面所说的公益型青少年科技馆以外，还有一类是社会办学教育机构。这种机构通常要收取一定的教学费用，由于各区县的公益型青少年科技馆数量、师资及教学设备有限，因此，这种社会教育机构就其教学单方面而言，对学生的科学技术和科学知识还是起到了一定的教学作用。面对学生对科学技术知识的日益增长，仅依靠青少年科技馆和学校科技课并不能满足学生的需求，因此，社会上就出现了许多以营利为目的的培训机构，它们通常有两种课堂教学内容，即讲授科技知识和竞赛训练。

（一）发展现状

目前，社会上出现了许多校外科技教育机构、公司等参与科技教育，它们有别于青少年科技馆，属于公司运营性质，除本身的课程教学外，主要还是以经济目标为主导方向，也会组织不同程度的学生参加各种科技竞赛，例如创新大赛、机器人、单片机等比赛，其中以机器人、编程项目最多，形式多以消费课时数为主要表现形式，根据家长提出的要求和学生自身的水平，设计竞赛项目和辅导计划。

（二）人员选拔

社会教育机构学员采取自愿报名的形式。各区县的社会教育机构收费标准不一样，学生根据自己的时间和经济条件进行自愿报名，平时为小班教学，但比赛时多为个别辅导或2~4人的分班教学。目前，北京市各区县科技方面的社会教育机构招生对象从学龄前儿童到初中阶段，其中以小学生为主要参与对象，小学阶段学生的时间比较充裕，四至六年级是参与科技竞赛的高发期，初中阶段的学生参与社会上的科技培训机构较少。有一定规模的机构也会参与学校的课后兴趣课，辅助学校开展科技教育工作。

（三）活动主题

活动主题多以兴趣为主，融入适当的知识点，根据不同学科的情况，在活动主题的设置上常以某一背景故事作为切入点深入课程教学，或围绕竞赛训练展开的教学活动。目前，北京市科技方面的社会教育机构主要以机器人、编程、智能控制课程为主，活动内容多以乐高机器人为主要学具，伴有 Scratch 编程和 Arduino 编程，规模大一些的培训机构会有 VEX 机器人和 C 语言编程的课程，除日常教学外，这类教育机构多以参加机器人竞赛、单片机竞赛为主，只有少数教育机构可以辅导学生创新类项目。

（四）梯队的建设

社会教育机构基本都会全年开展招生工作，没有班额限制，教学中会根据学生的学习情况和需求情况进行适当的调班。例如学员要求制作创新类项目，机构会安排负责的教师根据学员的时间情况进行上课时间的调整。社会教育机构的梯队建设基本可以分为日常教学班和竞赛训练班两种，机构的教师团队也有明显的划分，有的是按照项目划分，有的是按照日常上课和竞赛训练划分，有时彼此工作上会有交集，但基本是各自负责具体的工作。

（五）活动的落实

社会教育机构会根据学生情况辅导学生参加科技创新活动，一般会适当将科技创新融入日常教学，有需求参加科技创新竞赛的学生，机构会单独辅导，辅助学生完成项目的制作与探究。以机器人竞赛活动为例，社会教育机构每年会在暑假以假期活动的形式进行机器人竞赛项目的学员招募和选拔，9月进入正式训练，12月左右参加北京市教委的智能机器人大赛，期间还要参加各区组织的区机器人竞赛，通过选拔后进入科协系统的机器人竞赛活动。所有参赛训练均实行单独训练机制，针对不同学生的参赛项目采取有针对性的辅导。

CHAPTER 3
第3章

青少年科技创新
活动实施要点

恩格斯认为："自然科学本质上是整理材料的科学，关于过程，关于这些事物的发生和发展以及关于把这些自然过程结合为一个伟大整体的联系科学。"也可以说，科技活动的过程是一个反复假设、实验、验证、分析、归纳而获得大量的、丰富的材料（包括实验记录、资料和数据等）的过程，而科技活动论文的撰写则是对科技活动成果的提炼、加工和理论提升。

青少年开展的项目研究论证性，主要包括五个层次：第一个层次是思想创新；第二个层次是科学理论创新；第三个层次是提出新科学假说、科学定律、方法创新；第四个层次是发现新的科学事实；第五个层次是发明一个新技术，解决一个问题。第一个层次贯穿于其他四个层次之中。一般情况下，青少年科技创新项目研究主要在第四、五两个层次，一个项目研究只要包括其中任何一个层次就可以说具有创新价值。

创新的本质特征：只有"第一"，没有"第二"。

青少年科技活动的实施从人选的产生到竞赛的参与，都有相应的要求和标准。

专题 8　课题研究和作品研制

一、发现和完成一个新项目

课题研究的新项目需要大家有一双善于发现问题的眼睛。对于身边的生活和事物要敏感，我们找到有研究价值与意义的问题，继而采取科学的方法，完成探究、论证过程，这是一个科研项目必不可少的环节。

（一）发现一个新项目

1. 善于观察，勤于记录

爱因斯坦曾经说过："提出问题往往比解决问题更重要。"好的选题是课题成功的一半，往往很多人都受困于选题这一步，教师在指导学生时，首先，要考虑个人的兴趣特长，遵循学生自身的探究方向；其次，鼓励学生观察生活时从困扰我们的生活问题、让我眼前一亮的生活现象和前言的科学技术三方面展开。

毫无疑问，发现一个好的项目有时需要天马行空的想象力和创造力，但除了这灵光一现的创意外，帮助我们成功选题的关键是积累。勤于记录身边发现的生活素材，将自己的想法记录下来，尤其在科技发展的今天，我们还可以随手记录在手机中，然后反复揣摩与推敲出新的项目。

2. 机智反思，思维转换

自己的研究成果能不能再深入研究，答案是肯定的。研究过的问题能不能横向多发展再研究，答案依旧是肯定的。借助自己的研究成果，进一步完善、挖掘新的研究方向和内容也是一种新的发现。时常反思，转换思维，则不失为一个好方法。

（二）完成一个新项目

1. 新项目的论证

有了新的选题后，我们就要对选题进行科学的论证与交流。主要从以下六个方面进行：选题的科学价值、选题需要使用的技术与材料、选题研究所需的时长、选题的可行性、选题的可持续研究价值以及伦理与道德。

有时我们会陷入长时间思考的误区，急于肯定自己的选题就是有研究价值的，是合理的。"理不辩不明"，和大家一起分享交流，多方面论证课题的科研价值是帮助我们全面认识新项目的关键。

2. 进行科学探究

完成一项完整的科学探究会经历五个阶段：提出科学性问题；设计研究方案；收集和获取证据；整理资料，分析数据，找到规律，得出结论；分享与交流。

在新项目的探究环节，需要充分考虑中小学生的年龄特点、知识水平。在相对比较容易获得数据、发现规律的情况下去探究，不仅可以增强学生探究的自信，也有助于学生对选题的进一步研究。

案例1：关于12岁以下儿童如何注册登录手机游戏的提案

北京市中关村第二小学刘佳阳同学是一位善于观察生活中每一个细节，乐于思考的小朋友。他平时经常看见身边的同学玩很长时间的手机游戏，甚至由于玩手机忘记写作业，还看到新闻说有的小朋友为了玩游戏自杀、花钱。为了改善这一现状，帮助没有自控能力的小朋友摆脱不良游戏习惯的影响，他进行了这个选题。刘佳阳在选题过程中仔细分析不同种手机系统对手机游戏适龄提醒和内容介绍的现状，还尝试走访调研手机游戏研发商、渠道商、人脸识别技术企业，学习互联网网络人脸识别技术实践；查阅人脸识别文献、未成年人保护法、网络游戏管理规定等法律，咨询手机游戏产业链专家及公安方面的专家、刑警、刑侦警察和政府相关部门。最终提出建议：北京市文化局借鉴国际手机游戏分级制度和儿童游戏研发审核制度制定相关政策，限制12岁以下儿童登录手机游戏及限制其登录不良游戏的政策。建议手机游戏研发商、渠道商、运营商在上线的手

机游戏中都必须标明年龄限制；禁止游戏对儿童开启游客登录模式；适宜 12 岁以下儿童
玩的手机游戏登录方式采用人脸识别技术；儿童可以登录的游戏在 40 分钟内需强制下线；
家长和老师也应正确引导并监督孩子健康游戏；手机研发商应开发出能够让父母和孩子
一起玩的亲子游戏。

案例 2：自然界的共生现象与思考

北京市中关村第二小学的朱宸琳同学从小就喜欢观察大自然，特别想知道这些动
植物在地球上是怎么生活的。在教师和家长的帮助下，他从图书馆与网络上查找了很
多相关资料，发现自然界的动植物广泛存在着共生现象。

于是朱宸琳开始调查自然界的共生现象，并深刻感受到爱护环境、维护原生态、
绿色出行的重要性。生物的适应现象多种多样，本身就是不可思议的，作为学生更应
该关注和研究大自然的共生现象与规律，进一步思考如何利用大自然的恩赐，将寄生
现象转变为共栖，甚至互利共生，如图 3-1 所示。

图 3-1　学生拍摄的共生现象

朱宸琳查阅文献，阅读资料，实地考察古树园林、浅海沙滩等地，一心为了探寻
大自然的规律与奥秘。在教师的引导下他到中国农业大学寄生虫与昆虫实验室进行了
观察与临摹标本（见图 3-2）；思考了自然界共生现象的形成原因以及对人类生活的种

种启示。最终完成了《自然界的共生现象与思考》的文章并参与了北京市科学建议奖活动获得二等奖。

图 3-2　学生研究过程

案例 3：玻璃栈道安全岛

北京市中关村第二小学的尹浩丞同学在一次旅游中发现，玻璃栈道作为新兴旅游景点吸引了大批游客。但它的惊险刺激使许多游客产生了恐惧心理，甚至导致现场混乱等危险情况发生。如何避免此类情况的发生，提高游客的体验感受呢？

玻璃栈道的惊险刺激是利用玻璃既坚固又透明的特点，走在透明的玻璃栈道上仿佛悬在半空中，因此给人惊险刺激的感受。

玻璃栈道安全岛，就是当有游客在玻璃栈道上产生心理恐惧且有极度不适的反应时，可以通过脚下的玻璃变成不透明的，从而消除游客的恐惧心理，避免游客在玻璃栈道上发生混乱。尹浩丞设计的玻璃栈道安全岛模型如图 3-3 所示。

玻璃栈道安全岛是利用调光玻璃的原理，在玻璃栈道中设置调光薄膜，形成可以调节透明度的玻璃栈道，并结合声音控制器、按钮开关等技术，使玻璃在透明与不透明之间变化，从而减轻游客的恐惧心理。

玻璃栈道安全岛是国内外首个针对游客心理安全的发明，为此尹浩丞还申请了专利。通过这项研究使他对科技创新产生了浓厚的兴趣，提高了解决问题与科技创新的能力。

图 3-3　玻璃栈道安全岛模型

二、寻找和制作一个新作品

随着科技的进步，在我们身边有许多新项目可以被挖掘，只要你多留意观察，多注意积累资源，加上适当的创新方法，创新就在我们身边。

（一）充分利用互联网资源，寻找一个新作品

1. 互联网在学生创新项目选题中的用途

互联网在我们生活中并不陌生，网络新闻实事、各种国内外视频资源、最新科技理念、前沿科技概念模型等，都可以通过互联网搜索到一手信息。对于工程类作品的创新，可以通过互联网搜索一些被加以改造的"新"作品、"新"项目。还可以将一些国外的概念性模型，通过自己的技术或知识加以改造，形成全新的作品，因此，平时

应多注意搜索互联网资源。启发一个创新作品，必须要有一个基础模型，再加上自己的改造，使之成为一个全新的项目。

2. 互联网资源的获取方式

平时带学生参加创新大赛时，很多教师会让学生自己想创新大赛项目主题，而互联网资源绝对是一个创新项目的海洋。

互联网搜索也是一门学问，通常可采用以下几种做法。

（1）互联网搜索也是一门学问，我们不妨用逆向思维考虑项目选题，从可以使用什么样的传感器，到项目可以实现什么样的功能，再到该功能可以解决生活中的什么问题。比如可以在淘宝、京东 APP 商品搜索栏搜索"传感器"，归纳一下目前可以使用的传感器种类，然后尝试思考这些传感器可以实现的功能，再通过联系实际生活中遇到的问题，看看这些技术手段可以解决什么问题。弯曲传感器一般用于机器手，思考一下它还能做什么？应用在哪里？这种功能是否可以解决生活中的问题？九轴传感器一般用于模型飞机飞行姿态，是加速度、陀螺仪、倾角、地磁传感器的组合，可测量九个轴的传输方向，这个传感器能做什么呢？能够应用于生活中的什么地方？能解决什么问题呢？教师们不妨通过此类方法逆向思维，到互联网上寻找"新奇"的输入传感器资源，再通过日常生活经验，甚至可以回顾一下两年内的新闻要事，有没有可以结合的地方，思考一下有没有新用法、新用处。

（2）多借鉴，为创意提供更多养分。可以去看看国外概念性的作品，有很多都配有视频，但在国内尚未出现，你可以尝试改造或改变它的用途，用"改"的方法制作一个创新作品。这里给大家举个真实的案例，原育才学校的学生陈某通过互联网资源搜索发现国外一个概念性的电子路面，该路面可以通过太阳能电池供电，所有路面均具备 LED 显示功能。他和同学发现这个项目并不难，难度符合自己制作的水平，于是展开了头脑风暴式的讨论，发表改造和实现的想法，最终提出了一种全新的"智能地砖"理念。该项目具有太阳能供电系统，砖面上由 4×4 个 LED 组成，砖的四周有接口，该项目除了可随时改变现实路面指示标志的优点外，最大的亮点是可以实现多块"智能地砖"无序排列组合，路面 LED 指示标依然保持不变的效果。可以将想象成一个积木位置随意拼装，但总体图形不变的效果，该项目取得了创新大赛和国际创客交流展的优异成绩。

（二）理清制作流程，制作一个新作品

制作流程对一个工程类的创新作品非常重要，基本可以分为寻题、开题、初步试验、正式制作、结果测试、整理数据、形成报告这几个阶段。当教师找到一个创新项目后，先要引导学生以书面的形式写下开题报告，并与专家进行交流沟通，明确作品的背景、用途、功能、目标等几个要素后再进入制作阶段。第一步是初步试验，可以先用一些简易的材料进行一个简单的试验，这样可以确定制作方向，如果试验失败，就需要换个方法进行再创作；如果试验成功就可以进行后续的正式制作阶段。

以"基于腿部软体结构的缝隙四足机器人"项目为例，在确定项目题目之后，先进行了腿部行走测试，使用吸管、各种软管材质模拟软体腿结构，试验了软体材质作为四足机器人腿部结构时行动的可能性，通过分析试验得出结论，明确项目制作的方向；再通过 Inventor 建模软件设计建模软体腿结构和支架结构；完成整个硬件结构之后，便进入软件制作阶段，使用 Arduino 编程控制软体四足机器人完成走形和形变动作；项目过程中共改进了四个版本，历时两个多月，整个制作完成后进入了环境测试阶段，测试时要记录下所有数据，以便后面形成研究报告使用。整个制作流程基本可分为开题、初步测试、硬件设计、软件编写、调试改进、测试数据、形成报告几个阶段，在制作工程类创新项目时，可能会遇到许多问题，但只要遵循进度流程，将复杂的任务划分成小模块、小任务逐一破解，终会制作成功。

（三）"基于腿部软体结构的缝隙四足机器人"创新大赛项目的设计实施过程

1. 项目简介

基于腿部软体结构的缝隙四足机器人是一种腿部为软体结构的可实现缝隙探索的遥控机器人。机器人的四足采用热塑弹性材料，通过 3D 打印的方式制造成一种特殊的环形连体腿部结构，具备既能直立行走，又可伏地爬行等运动功能。操作者根据需要通过手机 APP 向机器人发送遥控信号，机器人的 Arduino 2560 控制板接收到蓝牙信息后决策并驱动机器人改变形态，以通过比自身体积小 60% 的缝隙。此外，机器人还可以通过装载的无线图像传输装置向上位计算机发送实时图像，可辅助救援或洞穴科考时透过狭小缝隙探明缝隙内的未知情况。

2. 项目创新点

本项目腿部结构可以实现 X、Y、Z 三轴方向的运动，并且可做出六个方向的自由

运动，甚至做出 360°画圆动作，具有较高的自由度。项目拓展了四足机器人的新功能，增加了伏地运动，实现了当装载控制电路时可通过 56mm 的细缝，当外载控制电路时可实现通过 30mm 细缝的效果。

3. 项目实物图

基于腿部软体结构的缝隙四足机器人外形如图 3-4 所示。

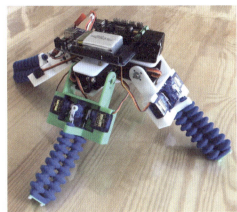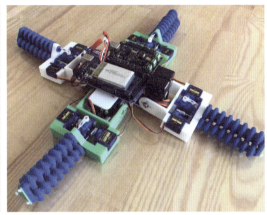

图 3-4　四足机器人实物照片

4. 项目设计过程

四足软体机器人的整个设计、制作过程分为三个方案阶段。

（1）方案一：独立型腿部支架

通过设计独立型腿部支架来试验软体腿部结构在方向上达到弯曲的程度及效果。在该支架结构上安装了 3 个舵机和软体腿，其中每个舵机分别控制一个腿部通道，通过提拉通道内的绳线，达到软体腿变形的效果。试验中发现该软体腿可以实现六个方向自由运动，当连续运动时，可以进行 360°画圆动作，如图 3-5 所示。

Inventor 工程图	实物图	

图 3-5　设计过程阶段照片

（2）方案二：四足一体型腿部支架

在方案一的基础上添加了另外三个腿部支架，并将其设计为一体成型的整体腿部支架（见图3-6），实现了直立行走的动作，但在试验中发现，这种结构形变效果不明显，只能通过高度为100mm的缝隙。

Inventor工程图	实物图

图 3-6　支架设计和 3D 打印图

（3）方案三：分体型腿部支架+升降舵机底盘支架

在方案二的基础上，增加了升降功能，即可直立行走，也可伏地爬行，将支架结构设计得更薄，使其在装载控制板时可以通过56mm的缝隙，如控制板外接状态下可以通过36mm缝隙，如图3-7所示。

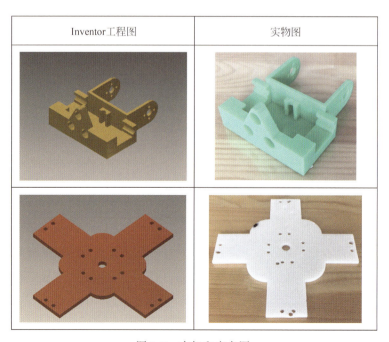

Inventor工程图	实物图

图 3-7　支架和底盘图

基于腿部软体结构
的缝隙四足机器人

三、重视科研伦理和科研道德

2018 年，一对名为露露和娜娜的基因编辑婴儿在中国健康诞生，这对双胞胎的一个基因（CCR5）被修改，使得她们出生后就能天然抵抗艾滋病病毒 HIV。这一消息迅速震动了全世界，不是因为试验在技术上有所突破，而是因为这一试验严重违背了学术伦理与学术规范。试验的实施者，南方科技大学副教授贺建奎也因此受到了处罚和指责。

2004 年和 2005 年，时任韩国首尔大学的黄禹锡教授，领导研究团队先后在《科学》杂志上发表论文，宣布成功克隆人类胚胎干细胞和患者匹配型干细胞。但是，2005 年年底，有关黄禹锡干细胞学术造假的丑闻逐步被揭露，在世界学术界引起震动。韩国文化广播公司新闻节目《PD 手册》报道黄禹锡在研究过程中"取用研究员的卵子"的丑闻。首尔大学随后的调查证实，黄禹锡发表在《科学》杂志上的干细胞研究成果子虚乌有。黄禹锡本人也被首尔大学解除职务，并因涉嫌侵吞经费、违反伦理、通过非道德手段获得人类卵子等遭到起诉，韩国政府决定取消黄禹锡"韩国最高科学家"称号，并免去他担任的一切公职。

以上两个案例中的学者或作者都违背了科研伦理和学术道德。科学研究活动涉及伦理道德，科研人员应遵循公认的行为准则或规范，开展合乎伦理的研究工作。违背伦理、国家法律法规和社会公德、妨碍公共利益的课题项目都不符合科研道德规范；弄虚作假、剽窃他人成果、篡改实验数据或杜撰都属于违背学术道德的行为。

青少年的科学研究课题虽相对简单，但也需要符合这一基本要求。

（一）课题选择合乎科学伦理

青少年们在选择课题时，不能选择违反国家法律、法规和社会公德或者妨害公共利益的项目，此外，由于青少年知识水平和能力有限，青少年的科技创新课题有别于真正的科学研究，课题选择范围应该比科学家的科研课题范围更局限。例如，涉及食品、药品类的项目不应选择，需要开展动物试验的课题需要谨慎评估。此外，研究方法有较高危险的课题也不宜选择。

（二）研究过程遵从科学道德

科学研究的结果应该建立在科学的调查和实验数据的基础上。"数据"是科研语言，是科研工作中最重要的部分。科学研究是一项探索性工作，研究者应抱着尊重研究结果的态度，通过科学严谨的方法得出数据，保证样本数量，才能使研究结果有说服性，任何弄虚作假、剽窃他人成果、篡改实验数据或杜撰数据的行为都是不道德的。

（三）论文撰写符合科学规范

科研论文的作者署名、文献引用均有严格的规范。首先，科研论文署名的每一位作者必须是真正参与本研究的人员。论文的第一作者是课题研究的实施者以及原始数据的收集与处理者，需要对研究结果和数据的真实性负责。通讯作者一般是课题的总负责人，负责课题的统筹管理。在青少年科技创新论文中，一般最多允许署三位作者的名字，三位作者按照课题研究过程中的工作量多少，按照第一、第二、第三的顺序署名。署名顺序一旦确定不能更改。

撰写论文时，原文引用的内容应该适量，如本科生毕业论文要求原文引用内容低于 30%，核心刊物要求论文引用内容不超过 15%。所有原文引用的内容，需要在论文中以脚注或尾注的方式标明。

科学研究成果的最终目的是服务于人，遵从科研伦理和科研道德，才能保证研究工作有意义、保证研究成果有"善"和"美"的灵魂。

专题 9 论文和报告撰写

一、一图看懂论文格式

如今，学生撰写论文是很普遍的事情。参加创新大赛等重要赛事，也需要学生梳理自己的研究过程，最终写出研究报告或论文。因此，掌握论文的写作格式尤为重要，它是整个研究项目的格式框架，甚至关系到研究过程的深入程度。

（一）论文写作要素和格式

通过图 3-8 所示的思维导图可以看出学术论文的基本写作要素，其中包括题目、摘要、关键词、引言、讨论和结果、结论、参考文献。学生在写论文时需要写清楚研究的目的。参加青少年科技创新大赛活动的人群来自青少年，他们在研究一个项目的过程中，需要明确本项目的研究目的、目标，研究的内容需要围绕研究目的展开过程的描述，例如工程类的项目需要研究报告，内容上除了题目、摘要，还应在正文中写清楚研究目的、研究过程、研究方法。如果是通过对比实验等方式进行项目的研究，建议把实验结论写在研究报告中，甚至可以将实验步骤和不同版本的制作内容都梳理在报告中，引导读者了解整个工程实验过程。参赛论文最重要的就是要写清楚研究的目的和用途，或者研究的意义，项目的创新点。如果制作的项目没有作用或用途，就失去了项目本身的意义，因此，在做立项时，一定要多思考项目的用途或应用背景。

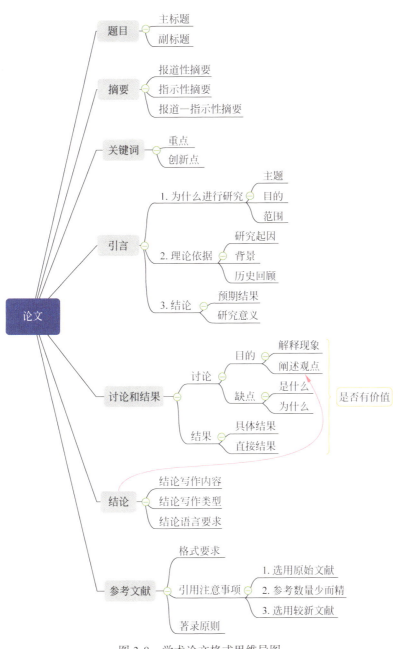

图 3-8　学术论文格式思维导图

（二）参赛论文格式要素中应注意的几点

参赛论文或研究报告的正文在写作时有规范要求。如果是工程类的项目要介绍清楚问题是如何产生的，说清楚项目的应用背景、工程目标，项目研究的思路、原理，项目的创新点、设计或研究过程。如果是智能控制类的项目要分别介绍清楚结构设计和程序设计，作品实验过程中的数据测试，实验过程中的改进方案和思路，控制单元的设计，程序的流程图，最终的效果测试数据，与同类的对比，结论和进一步的设想，自己在项目制作中的收获，参考文献。总的来说，正文部分是要描述围绕参赛项目展开的一系列研究和介绍，图 3-9 列举了一般参赛研究报告的格式。

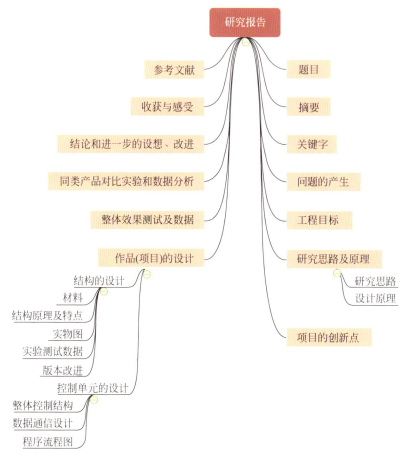

图 3-9　研究报告格式思维导图

（三）研究论文的六种类型

研究论文是按照一定的规范格式，对研究性学习、发明创造等科技创新成果进行的书面表述。研究论文是将科技创新成果呈现给评委的最基本的也是最主要的形式，是青少年研究性学习的总结和科技创新成果的说明，也是参加创新大赛的一个重要材料。研究论文可以分为科学研究、技术发明、软件研究、理论研究报告、实验研究报告、调查结果报告类六种类型。

1. 科学研究

科学研究是指生命科学、地球与空间科学、行为与社会科学等以实验、调查、观察等研究手段为主的项目，这一类项目的研究论文的格式可参考图3-10的格式。科学研究过程一般应包含以下内容。

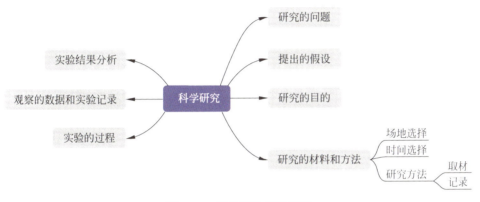

图 3-10　科学研究思维导图

（1）研究的问题：简单说明要进行研究探讨的问题是什么。

（2）提出假设并制订研究计划：对所要研究的问题做出的假设或猜想，根据假设和猜想制订一个详细的实验研究计划，包括实验步骤和基本实验方法等内容。如果是集体进行研究，还要说明小组成员的分工情况。

（3）研究的材料准备：列出在研究过程中要使用的所有材料、工具和仪器。

（4）观察的数据和实验记录：依照研究计划中制定的过程和方法，收集观察或实验数据，并且做一份详细的实验记录。

（5）实验结果分析：借助简单的表格、图形等分析实验数据，总结归纳出实验的最终结果。如果实验结果与作者原来的假设不一致，需要仔细分析其中的原因，并尝试进一步研究。

中学生的科学研究主要包括以理论推导、实验分析、调查研究3个方面为主，以论文形式向评委和公众展示创新成果的项目，可分为理论研究报告、实验研究报告、调查结果报告等。

2. 技术发明

（1）小学技术发明

小学的技术发明是指技术与设计类的、以发明创造作品为主的项目，这一类项目的研究论文的格式一般应包含以下内容。

① 技术发明的目的：作者的技术发明想要达到什么目的或想通过发明解决日常生活中或者科学技术中的什么问题。

② 技术发明的设计思路：作者围绕想要解决的问题或者要设计的产品，做过哪些调查和研究。在此基础上，作者提出了什么样的解决方案或创意。

③ 研制过程：作者完成设计方案，制作一个模型进行测试，并且不断修改、完善、最终取得成果的过程。

④ 发明的基本结构和基本工作原理。

⑤ 实物图片及演示过程。

（2）中学技术发明

中学的技术发明是指涉及工程设计、发明创造、计算机软、硬件等以实物发明为主的、能够以直观形式向评委和公众演示创新成果的项目，具体分为发明成果和软件研究报告。发明成果一般包括以下内容。

① 项目调研：研究问题的提出，对以往相关工作或成果的调查、分析，提出作者研究的目的或解决问题的思路。

② 方案设计：制定出发明的设计方案和实施步骤。

③ 研制过程：制作实物并不断改进的过程。

④ 成果的测试及使用：对发明成果的测试和使用方法。

⑤ 成果应用原理：发明成果所涉及和使用的原理说明并配有相关图表。

技术发明类项目思维导图如图 3-11 所示。

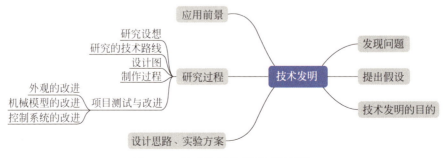

图 3-11　技术发明类项目思维导图

3. 软件研究

软件研究是指计算机学科中关于软件方面的科技创新成果的研究论文，主要内容应包括研究思路及设想、通信程序模式与机制设计、原理及方案四个方面，如图 3-12 所示。

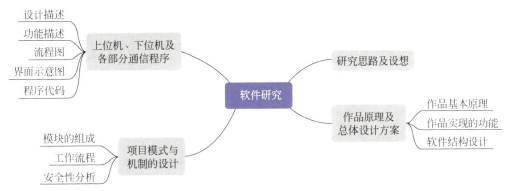

图 3-12 软件研究思维导图

4. 理论研究报告

理论研究报告是以阐明理论为主，主要用于运用科学事实，通过逻辑推理和假设来得出创新成果的项目。该类论文从实验或观测事实出发，利用公认定律、定理，通过逻辑推理，对研究对象层层剖析，得出有理论价值和实用价值的结论。理论研究报告的正文没有固定的格式，其结构形式多样。理论研究的正文主要反映了逻辑推理的过程，常见结构形式有证明式、剖析式、运用式。这一类型的研究论文主要以数学、物理学科为多，可参考图 3-13 的思维导图。

图 3-13 理论研究报告思维导图

5. 实验研究报告

实验研究报告是指研究论文所描述的科技创新成果是通过实验、试验等途径获得或得到证明。实验型论文的正文一般由材料和方法、结果、讨论三部分构成，如图 3-14 所示。

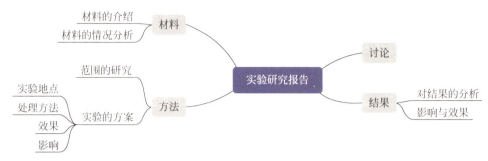

图 3-14　实验研究报告思维导图

（1）材料和方法。材料是指实验材料的性质、质量、来源、材料的选用和处理。方法是指实验的仪器、设备、条件及其数据的获得过程和方法。这部分论述的要点是：实验对象，实验目的，实验材料的性质和特性，选取的方法和处理的方法，使用的仪器、设备和器材，实验及测定的方法和过程，出现的问题和采取的措施。

（2）结果。结果是指实验过程中所观测到的现象和数据，实验仪器记录的图像和数据，对上述现象和数据进行初步统计及加工形成的资料。对结果的写作要做到精确、精选、精当、精粹。精确是对每一个现象乃至每一个细节都不能有所疏忽。精选是必须选出能说明结论依据的那些必要的、关键性的、有代表意义的、准确可靠的资料和数据。精当是结果要按一定的逻辑顺序编排，条理清楚，恰到好处。精粹是用简洁明确的语言表述出来。

（3）分析和讨论。分析和讨论是对上述两个部分进行综合分析与研究，其目的是通过分析和讨论，获得对"结果"的规律性认识。作者创造性的发现和见解，主要是通过这部分表现出来的。分析和讨论一般包括对"方法"和"结果"两方面的研究，要从论文内容表达需要出发，决定讨论什么，不讨论什么，什么需要着重讨论等。

6. 调查结果报告

调查结果报告是指行为与社会科学类科技创新成果的研究论文，这类论文的第一手资料主要通过调查或调研的途径获得。一般包括以下内容。调查结果报告思维导图如图 3-15 所示。

（1）调查研究的方法及方案。主要介绍调查所采取的方法，如问卷、座谈、入户；调研方案，如选点方法、抽样原则、调查安排等；调研及分析的工具、方法。

（2）调查研究过程。描述开展调查研究的过程和重点。

（3）调查研究的资料。

（4）现状与存在问题的分析及对策。

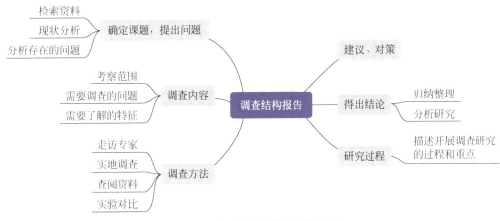

图 3-15　调查结果报告思维导图

二、画龙点睛在题目

题目是一个项目浓缩的体现，题目的字数不多，但地位却很重要，读者或大赛评委首先看到的是论文或研究项目的题目，正所谓"不见人，先见题"，所以，一个好的项目需要有一个合适的题目。参赛论文或研究报告的题目要包括研究对象、研究方法和研究目标三大要素。

题目又称文题、标题或篇名，是论文的总纲，是文章必不可缺的重要环节。题目的选择历来就十分受重视，如"题目是论文的窗户""好的题目是论文成功的第一步""题目是文章的一半"等说法。论文的题目能显示整个参赛项目研究的方向和内容，还可以对论文起画龙点睛的作用。题目如果不准确、不恰当，就会影响整个论文的质量。因此，确定论文、研究报告、项目的题目要遵循一定的原则和技巧。

1.题目中要体现研究方法

项目中的研究方法种类很多，比如有调查法、观察法、实证研究法、定性分析法、功能分析法、探索性研究法、信息研究方法等，明确地表明运用研究方法会使论文或研究报告的层次更清晰，信息研究方法根据信息论、系统论、控制论原理，通过信息的收集、传递、加工和整理获得知识，并应用于实践，以实现新的目标，研究系统功能，揭示事物更深一层次的规律，帮助人们提高和掌握运用规律的能力。

2.题目中要有明确的研究对象

好的论文题目要小，但要有深度和厚度。研究课题要单刀直入，切中问题，要小题大做。但不要贪多求全，四面开花。例如"基于腿部软体结构的缝隙四足机器人"

这个题目就明确了研究的是一个四足机器人，其重要结构特点就是腿部的软体结构，这样一目了然的题目很容易引导读者或评委知道研究的对象和内容。又例如"基于手机无线网络的远程遥控推拉窗"这个题目，题目中反映了项目的研究对象是一款推拉窗，这个推拉窗具有遥控的功能，直接点明了研究对象。

3. 题目中要有明确的目标

题目中一般不具体提结果和结论，而只作客观、含蓄地描述。简明扼要而又醒目的目标更能吸引读者的兴趣。研究的目标明确、一目了然，研究内容才会清晰、具体。例如"基于腿部软体结构的缝隙四足机器人"这个题目是关于软体腿的机器人，其目标是与缝隙有关，明确项目作品的目标。又例如"主动监测螺栓松动的警示垫片"这个项目，从题目中可以看出研究的作品是一个垫片，它的功能或目标是警示垫片松动，说明研究的目标很明确。

题目是论文的总纲，是读者判断是否要阅读该文的依据，是文献检索的依据。因题目高度概括论文主要内容，故看了题目就初步决定是否应该详细阅读它。论文题目简明、确切、醒目，主题突出，才有较大的参考价值，成为指引读者阅读的航标。

4. 题目的分析

研究论文的题目，既要起到提挈全文、标明项目特点的作用，又要能引人注目、乐于阅读。拟订一个好的题目，应做到用词鲜明、具体、准确地反映出论文所反映的科技创新成果的内容、范围和目标；用词概括、精炼。实在无法缩短的题目可采用加副标题的方法，如《北京市小学生上下学接送情况调查研究——以北京城乡部分小学为例》。

（1）科学研究类题目。

《中国菟丝子寄生能力的研究》——从题目中能够清晰、准确地知道作者的研究对象、研究范围，整个项目的研究方向，清晰明确。

（2）技术发明类题目。

《方便安全的盲人磁性插座》——题目中包含了研究目的，研究项目的作用对象，研究的物体，研究的范围。

（3）软件研究类题目。

《基于"手机 KEY"的文件保密柜》——指出了项目的研究范围、研究的内容和研究的对象。

（4）理论研究报告类题目。

《Heron 三角形与完全长方体》——明确了研究的对象及对象之间的关系。

（5）实验研究报告类题目。

《棉田绿盲蝽诱杀色板的研究》——知道了实验的范围及实验的对象。

（6）调查结果报告类题目。

《内蒙古"三少民族"青少年传承民族文化调查研究》——题目显示了调查的范围、调查的对象、调查的方向及内容。

近几届创新
大赛获奖情况

三、著作权利要保护

"署名排序有讲究，查新查重看文献"说的是保护著作权的一般要求。著作权也叫版权，是保护权利人发表、署名、修改等权利以及复制、传播、展览、翻译等权利。既然学生们有了自己的作品，就依法受到合理保护，但是，首先我们要分清楚著作权的归属问题。

如果作品由法人或其他组织主持，代表法人或其他组织意志创作，并由法人或者其他组织承担责任的作品，法人或者其他组织视为作者，依法享有著作权，也就是作品的权利人。

如果作品是多人合作，则著作权由合作作者共同享有。没有参加创作的人，不能成为合作作者。合作作品可以分割使用的，作者对各自创作的部分可以单独享有著作权，但行使著作权时不得侵犯合作作品整体的著作权。

作品署名可以按照对文章贡献大小署名第一作者和参与作者，第一作者必须是实验设计的主要参与者。在一个科研项目立项后，假如需要几个科研人员参与，其中必定有一个主要的科技人员进行项目的具体设计，包括试验用的各种材料，时间进程表等具体细节。一般也是本文工作中贡献最大的研究人员。此作者不仅有最多和最重要的图表（即体力上的贡献），也是文章初稿的撰写人（即对本文的智力贡献）。也可以说，论文的第一作者是这项科研成果的主要贡献者，而论文的通讯作者是这项成果的责任者和受益人。

作品也可分别署名通讯作者和编写作者。通讯作者往往是指课题的法定负责人，承担课题的经费、设计及文章的书写和把关。他也是文章和研究材料的联系人，他担负着文章原创性的责任，负责与编辑部的一切通信联系和接受读者的咨询等。实际上如果从知识产权上来说，研究成果属于通讯作者。通讯作者即是研究成果的法定责任人，也是论文的主要受益人，如果是这项研究成果涉及专利，那么这个专利属于通讯作者或者单位。

四、四个要素写摘要

1. 摘要的概念

摘要是以提供文献内容梗概为目的，是对论文的内容不加注释和评论的简短陈述，是论文的精华。摘要的重要目的是便于人们进行文献检索和初步分类，是读者、评审者对论文获取第一印象的首要因素之一。

2. 摘要的作用

摘要应具有独立性，提供的主要信息在不阅读全文的情况下，同样能够获得必要的信息，以获取对论文的第一印象。

（1）让读者尽快了解论文的主要内容，以补充题名的不足。现代科技文献信息量大，读者在检索到论文题目后，在题目的指引下，开始阅读文章，首先读到的就是摘要，并通过摘要来判断是否通读全文，所以，摘要担负着吸引读者和将文章的主要内容介绍给读者的任务。

（2）为科技情报文献检索数据库的建设和维护提供方便。论文发表后，文摘杂志或各种数据库对摘要可以不做修改或稍做修改而直接利用，从而避免他人编写摘要可能产生的误解、欠缺甚至错误。同时，论文摘要的索引是读者检索文献的重要工具，因此，论文摘要的质量高低，直接影响读者是否选择阅读文章。

3. 摘要的主要内容

摘要是论文全文的精华，反映研究论文的概要和内容提要。

摘要的内容：本课题研究的主旨、目的、范围，本课题研究的对象及方法，课题研究取得的结果、结论。

摘要的基本要素：研究目的、方法、结果和结论。其中，读者通过结果和结论可以清晰地了解到该项研究的理论意义或实用价值、推广前景等。

摘要举例如下。

目的：了解北京市小学生上下学接送的原因及困境，实地调查北京市不同区县小学门口上下学接送的实际情况和主要问题，探究政府、社区、学校、家长联动上下学接送的策略，创建安全的交通环境，推动上下学安全和交通秩序的进一步完善，倡导独立上下学的理念，探讨基于互联网平台的接送模式。

方法：研究采用问卷调查、实地观察、体验调查、专家访谈等主要方法，针对目前北京市小学生上下学接送中存在的主要问题进行研究。

结果：接送孩子上下学是城乡家长的日常重心，主要是治安环境、交通秩序加之孩子独立性差和长辈关注度高造成的，带来了校门口交通压力大、家长负担重和孩子依赖性强等影响。政府出台相关政策和拨付专项资金治理，缓解接送孩子对安全和交通的影响，国际经验和科技手段对破解接送难题提供经验和支撑。

结论：小学生上下学接送是普遍现象，是社会治安和交通秩序导致的。机动车接送比例上升，对交通和环境造成了很大压力。学生独立上下学和课后托管值得肯定。解决接送难题和培养孩子独立上下学要从家庭文化入手。各方联动，科技助力，才能最终破解"中国式接送"难题。解决接送最后一公里难题，要从政府整治环境和秩序入手，利用共享思维和云平台技术，让家长放心孩子上下学。

注：《北京市小学生上下学接送情况调查研究——以北京城乡部分小学为例》，该项目获第39届北京市青少年科技创新大赛一等奖。

4. 摘要的写作注意事项

（1）用第三人称。作为一种可供阅读和检索的独立使用的文体，摘要只能用第三人称而不用其他人称撰写。不得带有具有第一人称意愿的任何评论和解释，不得使用"本文""作者"等主语。

（2）摘要要精简。摘要字数一般以200~400字为宜，因此，整理的材料尽可能在最小空间下提供最全面的信息。

（3）格式要规范。尽可能用规范术语，独立成段。文字内容要用简单而直接的句子，避免使用成语、俗语或不必要的技术性用语等及非共知共用的符号和术语。不要为扩充版面将不重要的叙述放入摘要中。摘要明确是指表意明白、不含糊、无空泛笼统的词语，应有较多而有用的定性和定量信息。

（4）不加评论，只对论文内容作忠实介绍。

5. 摘要的分类

（1）报道性摘要。报道性摘要主要用来报道论文所反映的作者主要研究成果，向读者提供论文中全部创新内容和尽可能多的定量或定性信息。尤其适用于试验研究和专题研究类论文，多为学术性期刊所采用，篇幅以200~300字为宜。

（2）指示性摘要。指示性摘要只简要介绍论文的论题，或者概括地表述研究的目的，仅使读者对论文的主要内容有一个概括的了解。篇幅以 50～100 字为宜。

（3）报道—指示性摘要。报道—指示性摘要以报道性摘要的形式表述论文中价值最高的那部分内容，其余部分则以指示性摘要形式表达。篇幅以 100～200 字为宜。

6. 摘要的四个特性

独立性——构成独立的短文；全息性——包涵论文的信息；简明性——突出核心内容；客观性——不作个人评价。

7. 英文摘要

英文摘要包括题目、作者、摘要及关键词，应与中文内容基本相对应，但不要逐字逐句直译，要按照英语习惯重新组织段落和语句。

8. 注意事项

摘要不是广告词，也不是论文开场白；摘要是完整的短文，可独立使用；摘要必须"摘"论文之"要"。

在科技论文中，摘要是整篇论文精华内容的浓缩，因此也是论文的"脸面"。摘要按照目的、方法、结果和结论的顺序撰写。为了满足摘要的字数限制要求，作者需要用高度概括性的语言或者将目的或方法等整合以减少这部分的内容。

五、源于题目关键词

关键词是一种表达论文要素特征、具有实质意义的检索语言，是文献检索时的首要筛选条件，是保证文献能被检索到的基础，它能够反映论文的中心内容或主题，显示论文的特征。

1. 关键词数量

关键词一般为 3～8 个（以 3～5 个为宜，不超过 8 个），能反映论文的主要内容。

2. 关键词位置

关键词作为论文的一个组成部分，列于摘要段之后。

3. 关键词选择方法

（1）多从题目中找：题目是论文的主题浓缩，最易找到。

（2）从摘要中找：最重要的方法、结果、结论、关键数据都能在其中反映。

（3）从论文的小标题中找：其为反映论文主题的层次标题。

（4）从结论中找：可找到在题名、文摘、小标题中漏选的较为重要的关键词。

4. 书写方法

"关键词"三字应左顶格书写，冒号后面写关键词。关键词与关键词之间用分号隔开。书写示例："关键词：××××；××××；××××"。

5. 关键词组成

关键词包括主题词和自由词两个部分。主题词是专门为文献的标引或检索而从自然语言的主要词汇中挑选出来并加以规范的词或词组；自由词是未规范化的即还未收入主题词表中的词或词组。

关键词的标引应按《文献叙词标引规则》（GB/T 3860—1995）的原则和方法，参照各种词表和工具书选取；未被词表收录的新学科、新技术中的重要术语及文章题名的人名、地名也可作为关键词标出（自由词）。

标引是指对文献和某些具有检索意义的特征，如研究对象、处理方法和实验设备等进行主题分析，并利用主题词表给出主题检索标识的过程。科技论文应按照叙词的标引方法标引关键词，并尽可能将自由词规范为叙述词。

6. 关键词的顺序

第一个关键词为主要工作或所属二级学科名称。学科名称见《学科分类与代码》（GB/T 13745—1992）。

第二个关键词为该文研究得到的成果名称或文内若干个成果的总类别名称。

第三个关键词为该文在得到上述成果或结论时采用的科学研究方法的具体名称。对于综述和评述性学术论文等，此位置分别写"综述"或"评论"等。对科学研究方法的研究论文，此处不写被研究的方法名称，而写所应用的方法名称。前者出现于第二个关键词位置。

第四个关键词为前三个关键词中没有出现的，但被该文作为主要研究对象的事或物质的名称，或者在题目中出现的作者认为重要的名词。

如有需要，第五、六个关键词可列出作者认为有利于检索和文献利用的其他关键词（参见《关于在中国科协系统科技期刊中规范关键词选择的决定》中国科协学会学术部（通知）科协学发字〔2002〕049号）。

7. 选择关键词的注意事项

在选择关键词时要注意具有代表性、通用性和顺序性。①代表性：关键词是从论文的正文、摘要、题名中抽取的表征论文特征内容的技术词汇。②通用性：要采用熟知的术语。③顺序性：要有序递归排列。

如果说摘要是摘论文之要，题名是摘摘要之要，那么，关键词就是以单词或术语形式摘论文之要，是论文的技术代表性词汇。对于中小学生而言，按顺序拆分题目是最简单的方式。

8. 举例

例如，"关键词：移动互联网＋；公共场所；AED；急救医疗新模式"。

注：第 38 届北京市青少年科技创新大赛一等奖《移动互联网＋公共场所急救医疗新模式构建研究——以北京市公共场所 AED 设备有效使用为例》。

六、提纲挈领画技术路线

路线图（roadmap）最早出现于美国汽车行业，起初是用于技术领域，用来识别那些可能成功的技术。从 20 世纪 70 年代开始，摩托罗拉和康宁等大企业开始用它进行产品规划，在行业内产生了深远的影响。随后，美国各公司、行业、国家实验室、政府部门等开始绘制各种路线图。

技术路线图真正的奠基人是摩托罗拉公司的时任 CEO Robert Galvin。当时，他在全公司范围内发动了一场绘制技术路线图的行动，主要目的是鼓励业务经理适当关注技术未来，并为他们提供一个预测未来过程的工具。这个工具为设计和研发工程师与做市场调研和营销的同事之间提供了交流的渠道，建立了各部门之间识别与传达重要技术的机制，使得技术为未来的产品开发和应用服务。

技术路线图（technology roadmap）是为了满足产品的开发需求而进行备选技术的识别、选择和开发的技术规划，可用于确认技术资源、组织目标和不断变化的外在环境三者的联系，是支撑技术管理和规划的有效工具。

技术路线图应用于企业产品开发时，又称为产品技术路线图。当应用于科学研究和技术开发时，又称为科技路线图。

技术路线是指整个项目的研究思路，例如从实验研究到模型建立再到模型验证最终得到结论和规律。研究方法是指具体环节和模块采用什么方法进行研究。一般应用简洁的图形、表格、文字等形式描述技术变化的步骤或技术相关环节之间的逻辑关系。技术路线图已经是公认的技术经营和研究开发管理的基本工具之一。

技术路线可以采用流程图或示意图说明，再结合必要的解释。合理的技术路线可保证顺利实现既定目标。技术路线的合理性并不是指技术路线的复杂性。

研究技术路线流程图主要包括：①树形图，按照研究内容流程撰写，一般包括研究对象、方法、拟解决的问题，以及相互之间关系。②结构示意图：根据研究项目的子内容、研究顺序、相互关系、方法、解决问题做成结构示意图。图3-16～图3-19所示为部分学生做的研究路线图。

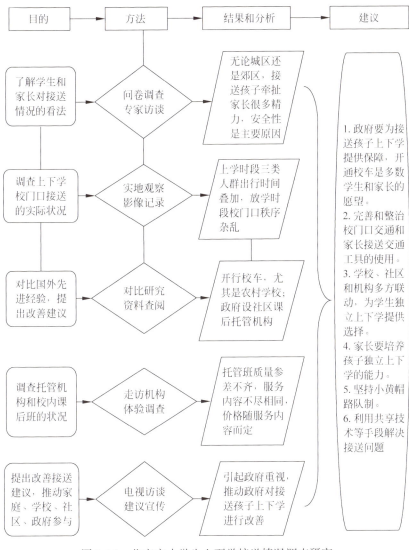

图3-16　北京市小学生上下学接送情况调查研究

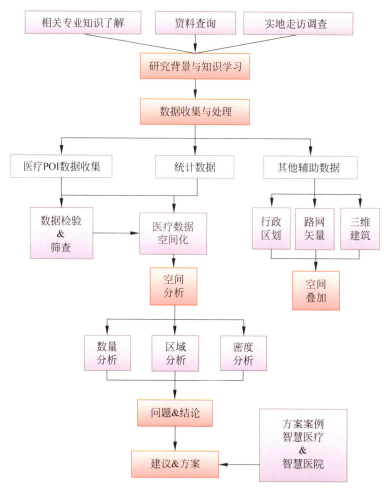

图 3-17 基于实地调研的北京医疗资源分布均衡问题研究

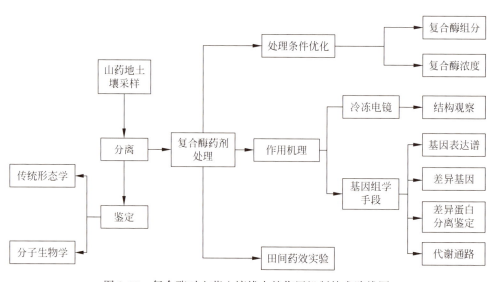

图 3-18 复合酶对山药土壤线虫的作用机制技术路线图

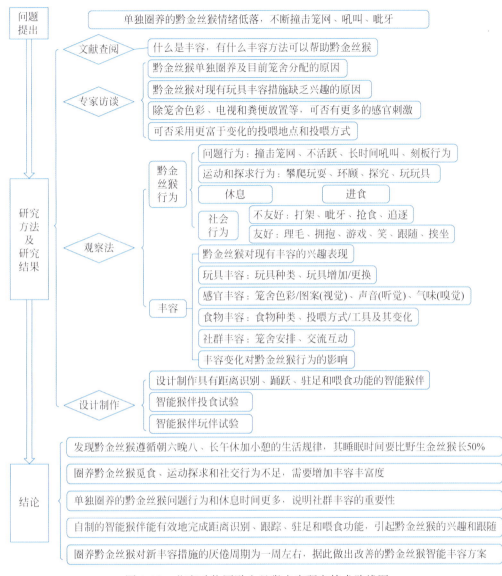

图 3-19　北京动物园黔金丝猴丰容研究技术路线图

七、三段说清的引言

引言又叫绪论，是论文的开场白，其作用是向读者揭示文章的主题、目的和研究背景，便于读者了解本文所论述课题的来龙去脉。"引言"要与"讨论"形成"呼应"关系。

1. 引言的内容

（1）研究的理由、目的和背景。说明为什么要做这项工作；说明有别于他人的

"主意"。包括问题的提出，研究对象及其基本特征，前人对这一问题做了哪些工作，存在哪些不足；希望解决什么问题，该问题的解决有什么作用和意义；研究工作的背景是什么。

要回答的问题比较多，只能采取简述的方式，通常用一两句话即可把某一个问题交代清楚，无须赘言。

（2）理论依据、实验基础和研究方法。概述本项工作的研究或观察的理论基础，给出简明的理论或研究背景，一定要列举重要的相关文献。

（3）预期的研究结果及其预期效果和意义。

2. 引言的写作方法

（1）理论性论文：一般按研究对象的背景、研究的目的意义引出问题。

（2）实验研究性论文：一般以实验的目的作为引言的开始，简明扼要地交代实验的条件、主要方法，也可以只写实验的环境条件、主要方法，还可以只写实验的目的。

（3）调查报告论文：一般按研究对象的背景、研究的目的意义引出问题。

3. 引言的写作要求

要写得自然、概括、简洁、确切。

（1）开门见山，不落俗套。

（2）言简意赅，条理清晰，字数一般在500字左右。

（3）如实评述，防止吹嘘自己和贬低别人。

4. 中小学生论文的引言

中小学生论文的引言可以是三段式：一是讲一个身边发生的和研究有关的故事，引起读者共鸣；二是相关研究的进展（文献综述），看看别人研究到什么程度；三是自己预期的成果。

青少年科技创新论文引言举例如下。

北京市小学生上下学接送情况调查研究

引　言

我们听说有一种现象叫"中国式接送"，说的是家长们在上下学时开着汽车，骑着电动三轮、自行车，亲自将孩子送进学校或是接回家，和老师之间实现"无缝对接"。每到上学和下午放学时间，中小学、幼儿园的门口就会被各式各样的汽车、三轮车、自行车围得水泄不通，往往要等个三四十分钟才能疏通开。交警、协管员、学校保安、家长志愿者忙得不亦乐乎，但也几乎起不到作用，堵的堵，吵的吵。学校门口的交通阻塞已经成为社会顽疾，通行效率低下，安全也得不到保障。"中国式接送"也引起过社会热议，讨论的焦点集中于安全、管理和教育等方面，但是一直没有什么改善，我们每天上下学都像陷在旋涡里无可奈何。

"中国式接送"也带来许多其他问题。对孩子来说，过分地呵护使孩子缺乏必要的锻炼，不利于他们独立能力的培养；对家长来说，每天早晚的接送耗费不少时间和精力，甚至占据一部分上班时间；对于社会来说，每天接送孩子的各式交通工具加剧了学校所在路段的交通拥堵和空气污染。这些问题几乎每个家长都明白，但仍要"无奈"地继续下去，因为在"中国式接送"的背后，是切切实实的不安全感：发生在中小学生身上的道路交通事故在所有交通事故中占有重要比例，而学生的健康成长又是关乎家庭幸福和社会稳定的大问题。与之相对照，在国外多数地方的小学门前，很少能看到这种混乱的状况。如果说"中国式过马路"曾引发国人对规则意识、文明素养以及交通现状的反思，那么"中国式接送"自然也值得大家深入探讨。

针对北京市小学生上下学接送问题，我们小组通过调查原因、了解情况、分类讨论、提出建议，希望可以尽微薄之力帮助改善交通堵塞，缩短占用时间，减少人与人之间的不和谐因素。这就是我们研究的初衷。

5. 注意事项

研究论文在引用时应引用"最相关"的文献以指引读者，不要回避引用最重要的相关文献；避免不恰当地大量引用作者本人的文献；解释或定义专门术语或缩写词，以帮助编辑、审稿人和读者阅读与理解；叙述前人工作的欠缺以强调自己研究的创新时，应慎重且留有余地（避免出现"首次提出""重大发现"等词）。

引言是开篇之作，写引言于前，始能疾书于后，正所谓万事开头难。古代文论中有"凤头、猪肚、豹尾"之称。虽然科技论文不强调文章开头像凤头那样俊美、精彩、引人入胜，但引言是给读者的第一印象，对全文有提纲挈领的作用，不可等闲视之。

八、课题关键在材料与方法

根据青少年科技创新大赛和明天小小科学家奖励活动等重要赛事学生成果项目分类来看，学生成果研究课题主要有四种类型，分别是自然科学研究类课题（包括植物学、动物学、微生物学、物理学、化学等）、社会科学调查类课题（行为与社会科学）、工程类课题和计算机类课题，不同的研究课题类型在内容上有较大差异。

（一）自然科学研究类课题

在自然科学研究的结题论文中，材料与方法部分很重要，这部分应该是主要介绍课题的研究对象（即研究材料，实验动植物或人，包括实验组和对照组的选择、处理）及课题研究所采取的方法。材料是展现研究课题的实物依据，方法是完成研究课题的手段，是判断课题结题论文科学性、先进性的重要依据。一项课题研究结果是否可靠，结论是否可信要看材料与方法部分所描述的内容是否采取了可行的、可以被重复的研究材料和研究方法。

研究材料若为动物，应注明名称、品种、数量、来源、年龄、性别、分组标准与方法；研究材料若为生物或细胞，应注明种、型、株、系、培养条件和实验室条件；课题研究所用的仪器、设备，应注明名称、型号、规格、生产单位以及药品、试剂应使用的化学名称，并注明剂量、单位、纯度、批号、生产单位及生产时间也应该在研究材料部分加以说明。

研究方法应该按逻辑顺序描述研究的设计和研究步骤，或标出有关文献，以及对所得数据资料进行分析的方法，写明具体的统计学处理方法及其选择依据，要尽量详细，以便使他人能看懂，可用同样的方法重复验证。如果所采用的方法是自己独创的或有实质性改进的方法应重点写出改进的部分，对在别人方法基础上有所改进或改良的方法，只需把改进部分的细节做必要的介绍即可。对完全采用别人建立的方法，特别是经典的方法可一笔带过，注明出处，不必全部照搬。

如北京师范大学附属实验中学陈梓睿同学的《北京城区 12 种行道树树叶固碳能力比较研究》论文中，材料与方法部分是这样撰写的："针对北京城区常见乔木落叶树种，通过向植物学专家与园林工作人员咨询请教，以及网上检索与查阅资料结果，选定以下 12 种乔木树种作为本课题的研究对象。具体树木种类包括：1 白蜡（*Fraxinus chinensis*）、2 银杏（*Ginkgo biloba*）、3 国槐（*Sophora japonica*）、4 毛白杨（*Populus tomentosa*）、5 栾树（*Koelreuteria paniculata*）、6 白玉兰（*Magnolia denudata*）、7 柳树（*Salix matsudana*）、8 椿树（*Ailanthus altissima*）、9 英国梧桐（*Platanus acerifolia*）、10 毛泡桐（*Paulownia tomentosa*）、11 火炬树（*Rhus typhina*）、12 合欢树（*Albizzia julibrissn*）。而测定行道树树叶固碳能力主要包括：①落叶样本的采集；②样本前处理；③测定落叶贮碳量。

随后逐步介绍了如何进行采集落叶样本、样本前处理的，以及如何测定落叶样本的总碳（TC）、单位重量树叶对应的叶面积、全树的树叶总面积，最后综合单位重量落叶贮碳量与面积值，进而计算出各种行道树树叶的固碳能力。对于采用的研究方法，陈梓睿同学根据实际情况进行了标注，有的标出有关文献，写明了具体的统计学处理方法，能使他人看懂，也可用同样的方法重复验证；有实质性改进的方法重点写出了改进的部分，并对改进部分作了必要介绍。

（二）社会科学调查类课题

在针对某个社会问题或现象的社会科学调查类研究论文中，应写明研究范围、调查样本量和分组方法。根据课题研究的类型和要求不同，所需样本量也不同，作者应告知确定调查样本量的依据，以反映所需调查研究样本的代表性。还需写明调查研究所采用的研究方法，如调查问卷（纸质或网上）、座谈和入户等。若是对照研究，应交代分组的方法；如果是随机分组，就应说明是如何随机分组的。

如北京师范大学附属实验中学苗逸君同学在《"限塑令"后超薄塑料袋使用的原因与分析》论文中，为更好地研究超薄塑料袋在"限塑令"后仍大量销售和使用的社会现象，制定了问卷调查、实地考察和实验检测等研究方法来调查分析超薄塑料袋仍在大量使用的原因，指出超薄塑料袋的使用带来的弊端和社会影响，还提出了实际解决方案。该论文首先介绍了研究技术路线图和研究过程，接着介绍了是怎样进行问卷调查研究的。论文选择北京市清河美欣家园居民区、槐柏树居民区等地方作为样本地区进行了随机走访，根据调查结果编写了调查问卷后在街头进行随机问卷调查，对民众态度和对塑料袋的需求进行统计且人群分布广泛（共发出调查问卷 1400 份，回收调查问卷 1397 份）；又写清了如何对选定的大中型批发市场（北京市海淀区清河小营农贸市场、清河美欣家园居民区、槐柏树居民区、清缘里垃圾站、西城区官园小商品批发市场）和超市（超市发花园路店、家乐福中关村店、沃尔玛知春路店、华联超市阜成门店、天客隆清河店以及美廉美花园路店）进行实地考察的；最后选取了 15 种来源不同的塑料袋进行厚度及拉伸实验，测量不同类型塑料袋的厚度及受力程度，进而得出哪种塑料袋更利于循环利用。

（三）工程类课题

在从实物发明为主、可以进行创新成果形象直观演示的工程类课题论文中，材料与方法部分主要是写清发明或工程作品的设计方案、所需材料、实施步骤和研制过程。

如北京师范大学附属实验中学周天石同学在《野外小型手动净水器》研究报告中，首先写出了设计方案和原则（能对溪流、江、河、湖、池塘、水库及地下水等野外水源进行处理，处理完的水能满足人饮用卫生要求，达到《生活饮用水卫生标准》；本装置不用燃料、电等外部能源，依靠人力工作，野外适应能力强；本装置体积小、重量轻，便于随身携带，随时随地可以使用），写明拟对野外水源进行处理的工艺流程（预处理、过滤、吸附、消毒）以及手动泵（便携）和计数装置（保证滤芯使用安全）的设计，然后列出了所需材料和实施步骤，还给出了研制过程和性能测试方法。

（四）计算机类课题

计算机类课题研究一般要根据研究目的，应用计算机技术和程序编写等手段实现某个现实生活中很难解决的问题或软件开发。这类课题研究论文一般都是在介绍研究背景之后介绍课题的研究思路、所需技术或软件、实施步骤和程序编写或模拟仿真测试等。

如北京师范大学附属实验中学黄芷薇同学在《基于本体搜索的满族文化服饰APP》研究报告中，在研究背景后就提出了研究思路："先收集大量满族文化服饰图片资料，进行专业归类索引，构建本体，又设计了搜索引擎，再通过 HTML 5 技术设计开发 APP，申请专利获得授权，进而在安卓系统上线应用。"接着她写明了其中所需要的计算机技术与相关软件、实施步骤和程序编写及测试等方法。

九、数据统计说结果

数据的收集、处理工作是科研工作的核心和基础，任何实验和观察的结果必须转化成数据，才能成为科学研究的通用语言，形成有说服力的结论。实验数据的获得要保证数据的质量、真实记录实验结果；实验数据的处理则要分析出数据说明的问题、实验的意义。在论文和报告中，"数据与结果"是非常重要的部分，直接反映了研究工作的结果。

（一）数据类别

根据研究方向的不同，数据一般包括如下几类。

1.调查类数据——以数据描述特征和规律

在课题研究中，研究者经常以问卷、访谈、个案分析的方法开展研究，这类数据能够帮助研究者了解现状、发现问题，从而提出解决办法或做出预测。

调查所得到的数据可以揭示社会现象背后的规律。"尿布与啤酒的故事"就是一个经典案例，沃尔玛超市拥有自己的数据系统，沃尔玛对其顾客的购物行为进行数据分析，利用数据挖掘法对这些数据进行分析和挖掘，从而了解顾客的购物习惯。通过分析，在美国的一家门店发现和尿布一起购买最多的商品竟是啤酒，这个结果揭示了一个隐藏在美国人中的行为模式：年轻父亲下班后经常要到超市购买婴儿尿布，而他们中有很多人同时也会为自己买一些啤酒。根据这一结果，沃尔玛超市调整了产品的摆放位置，使之更符合消费者的购物习惯。

在青少年科技创新课题研究中，使用调查法收集数据最典型的是社会科学类问题。在社会科学课题研究中，问卷法得到的数据特点是数据量大，访谈法和个案分析法得到的数据特点是结果多样，但分析方法较为复杂。

例如，在北京师范大学附属中学王月林同学的《北京城区部分自行车道现状调查与改进研究》课题研究过程中，王月林共发放了462份调查问卷，回收有效问卷429份，同时有针对性地划分目标人群，共分为"随机组、骑行组、开车组、学生组、特定路段组"，每组不少于30份。调查问卷发放方式采用随机发放、学校统一发放、电子数据发放。在访谈环节，王月林分别与交通领域专家、居民、骑行者、机动车主进行访谈。在实地勘查环节，王月林勘查了北京东西走向、南北走向具有代表性的道路共15条，以求覆盖北京市较多的自行车道。

2. 试验类数据——以数据检验假设

在自然科学研究课题中，开展试验对结果进行统计和分析是验证假设最直接的方法。这类数据的得出基于科学的实验方法，数据类型有很强的学科特点和专业性。例如，水利专业的论文如果要研究径流变化特征影响，需要连续多年监控降雨量，以统计降雨量的变化（见表3-1）。

表 3-1　遵化站典型年年内降雨量各月分配百分比

保证率	典型年	各月分配百分比 /%												6—9月所占比例 /%
		1	2	3	4	5	6	7	8	9	10	11	12	
多年平均	1995	1.1	0.8	2.5	4.6	7.2	16.2	19.3	30.1	14.0	0.8	3.4	0.0	80
25%	1973	1.8	0.3	1.4	0.6	1.9	16.8	26.5	32.6	11.7	4.6	1.8	0.0	90
75%	1972	1.9	1.5	0.0	2.4	2.8	2.6	34.0	37.2	9.8	6.3	1.4	0.0	84
95%	1997	1.3	0.1	0.0	2.1	8.6	19.3	27.8	24.4	7.4	4.5	1.7	2.8	79

　　青少年科技创新课题研究虽然不需要像科学家一样连续多年收集大量数据，但也要保证样本数量充足，结果具有统计学意义。例如，在北京师范大学附属中学刘昊楠同学《对儿童及青少年糖尿病分型预测模型的研究》课题研究中，刘昊楠在从北京地区 6 家医院收集的 911 例病例中，剔除 313 份缺失病历数据，保留 598 例数据完整病例。病例数据中有 436 例 1 型糖尿病病例，90 例 2 型糖尿病病例，72 例没有明确分型病例。收集到的样本变量包括性别、出生日期、住院日期、出院日期、BMI 指数、舒张压、收缩压、出生体重、孕周数、母乳喂养时间、胆固醇、高密度脂蛋白胆固醇、低密度脂蛋白胆固醇、极低密度脂蛋白胆固醇、空腹血糖、糖化血红蛋白、食欲变化、体重变化、排尿变化等。

3. 测试类数据——以数据反映性能

　　在工程技术类课题中，技术测试是非常重要的环节，在这一过程中产生的测试数据也是用来检验产品性能的重要证据。因此，在工程技术类课题研究中，技术测试的数据以说明产品或发明的性能为主，例如，抗压能力测试、抗腐蚀能力测试等。

　　在青少年工程项目中的测试数据也是如此，例如，在北京师范大学附属中学康瀚峰同学《脚踏式客流计数器的研究与实现》课题研究中，为了检验自己设计的计数器的准确率，康瀚峰分别做了单人单脚踩踏、单人双脚踩踏、多人单脚踩踏、双人单脚踩踏、双人三脚踩踏、双人四脚踩踏测试。在单人单脚踩踏测试中得到如表 3-2 所示的数据。

表 3-2　单人单脚踩踏测试数据

测试时间	实际上车人数	记录上车人数	误差人数	实际下车人数	记录下车人数	误差人数	未识别人数
7.27，15:40	4	4	0	4	4	0	0
7.27，15:42	8	8	0	8	8	0	0
7.27，15:44	16	17	+1	16	17	+1	0
7.27，15:50	24	26	+2	24	27	+3	1
准确率	94.2%			92.3%			

（二）常用数据统计方法

　　研究内容不同，适用的统计方法也不同。和数据的统计一样，统计方法、统计工具的选择也有很强的学科特点。常用的统计方法有图表法、聚类分析、因子分析、相关性分析、对应分析、回归分析、方差分析。对不同变量的分析可以选择不同的方法。

在分析工具的选择上，中学生课题常用的统计分析工具有 Excel 表格、SPSS 软件以及一些专业的分析工具。

（三）数据统计中应注意的问题

（1）保证数据的质量高，使用可靠的数据处理、分析和统计方法

不同学科领域的数据样本和数据量的要求有所不同，实验数据符合本学科领域要求即可。但任何学科领域都要求实验数据有较高质量，数据有科学的实验观察作基础，数据的分析必须经适宜的统计学显著性测验。

处理数据时要依据科学的数学方法。例如，学生在处理数据时大多数会遇到一个问题—离群数据的处理。超出数据一般变化范围特大或特小的观察值称为离群数据，这类数据会使分析结果出现较大的误差。离群数据不能随意删除，处理时要慎重，需要依据专业知识和统计方法。

科学的数据统计分析方法是得到可靠结论的基本保证，统计方法的选择要依据课题的领域、研究目的、研究对象的样本量和数据类型来进行。

在论文中呈现数据时，列出处理后的数据即可，最好以图、表等直观方式呈现，原始数据可作为论文附件。例如，某同学统计"北京市城区公园中健身器材的类型和数量"，如果在论文中一一列出所调查的公园和数据统计结果，就会显得烦冗毫无目的；而如果按照城区或者公园的类型归类，然后分类呈现数据，则能紧扣调查目的，顺理成章地得出相应的结果。有的学生在论文撰写时将全部原始数据列在论文中，虽然凸显了工作量，但却淹没了研究的意义。在论文中出现的数据应该是经过总结和处理的数据。

（2）"有一说一"，用"不推测"的方式阐述研究结果

研究结果是通过数据统计得出的，它有别于研究结论，不是作者的论证，而是对数据反映的明显问题的阐述。研究结果最大的特点是任何人从研究数据上都能得出相同的结果。

例如，在北京师范大学附属中学汝依然同学的研究中，对水滑石 / 纳米二氧化硅复合材料粒径大小进行测量和统计，统计数据如图 3-20 所示。

得出结论：通过对二氧化硅粒径测量可以观察到二氧化硅的粒径较小，单个粒径在 15～30nm，并且颗粒分散较为均匀。

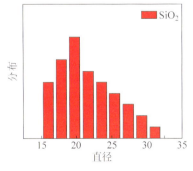

图 3-20　二氧化硅复合材料粒径大小统计

而通过这些数据对制备材料性能的评估、说明的问题等，则属于"结论"部分。

在研究论文中，研究结果一般是紧跟数据统计之后，一项数据统计后面得出一条结果。

十、基于结果亮观点——讨论

科研论文中的"讨论"是最具前瞻性的内容，其目的是探讨"研究结果"的意义，"讨论"既要立足本课题，反思研究结果的价值、问题，又要展望未来，提出下一步研究的计划，为同领域研究者提供参考，并分析研究结果可能产生的影响。"讨论"不是盲目的谦虚，也不是脱离实际的幻想未来，"讨论"部分的内容决定了一篇文章的深度。

1. 明确原理及概念

例如，在关于"尾加压素Ⅱ诱导人肝癌细胞株 HepG2 细胞胰岛素抵抗的研究"中，研究者首先提出："胰岛素在 2 型糖尿病等病症的发生和发展中起重要作用而日益受到关注。UII 最早是从鱼尾下垂体分离出来的血管活性肽，在人类 UII 主要存在于神经系统和心血管系统，与 G 蛋白偶联受体 GPR14 结合后发挥其生物学效应。有研究表明 UII 可能促使 ACTH 释放，进而引起血糖增高。很多研究指出在 2 型糖尿病患者中 UII 及其受体表达水平明显上升。这些都指出，UII 可能引起肝脏中胰岛素抵抗。"然后明确研究的意义。

2. 陈述主要发现，重申研究意义

讨论部分紧扣课题的目的和意义，用自己的发现印证自己的设想，是证明自己工作的意义，是研究结束后对研究过程的反思。

例如，学生在《一种新型光纤角度传感器的模型设计及探究》中，提出"本实验为角度传感器的设计原理拓宽了思路，具有一定的指导意义"，进而阐述自己的课题研究成果。

3. 不自夸、不回避，分析优点和问题

客观分析研究的优势和问题，讨论和其他研究相比，本研究的优点、创新点和存在的主要问题。

在课题研究结束后，分析实验的问题和优势，是"讨论"部分最重要的内容，目

的是通过分析影响实验结果的主要原因，为后续研究提出建议。

例如，在社会科学研究课题中，可以分析抽样方法是否科学，调查范围是否恰当；自然科学研究课题中，可以讨论实验条件是否存在提升空间；工程与技术课题中，可以分析设计是否存在问题、加工条件是否足够。

4. 目光长远、置身更广阔的研究背景中，分析未解答的问题及今后的研究方向

研究者的主要责任之一是为后续研究和其他研究人员提供参考。在"讨论"部分，作者应立足长远，为进一步研究提供建议。

青少年课题研究主要是要为自己下一步的研究提供参考。例如，在《打印文档追踪系统的研究与实现》课题中，提出"下一步我将对水印算法做进一步改进，比如增大嵌入量等，以满足不同的用户需求，提高软件的鲁棒性和适用性"。

十一、呼应目的言结论

（一）结论

结论又称结束语、结语。按《现代汉语词典》（商务印书馆出版，2005 年版）的释义，结论是：从前提推论出来的判断；是对人或事物所下的最后的论断。

就学术论文而言，参考中华人民共和国国家标准《科学技术报告、学位论文和学术论文的编写格式》（GB 7713—1987）中提出的，论文的结论是最终的、总体的结论，不要将结论写成摘要、标题、正文中各部分及实验、观测结果的小结，也不能简单地重复这些部分中的句子。如果不可能导出应有的结论，也可以没有结论而进行必要的讨论，提出建议、研究方向、目标设想、未来预测、改进意见、尚待解决的问题等。没有结论的论文和中间实验阶段的论文，以"结束语""结语"或"讨论"结束。

论文的主要写作目的就是要展示结论。结论的得出是在理论分析和实验验证的基础上，通过严密的逻辑推理，经过抽象概括而得出的富有创造性、指导性、客观性、普遍性的结果描述，它是一种判断、一种规律。结论要与研究目的、引言相呼应，主要是回答"研究出什么"。因此，要明确回答原来建立的假设是否正确、研究目的是否达成、对该研究所提出的问题进行逐一解答等。

从内容要点看，结论可以包括以下几个要素（其中前一个要素必须具备，后三者可视情况说明）。

（1）本研究结果说明了什么问题，得出了什么规律，解决了什么理论或实际问题。

（2）对科学技术的发明、发现、创新、应用、普及等方面的贡献，体现论文或研究成果的价值。

（3）对前人有关本研究相关问题的看法做了哪些检验，哪些与本研究结果一致，哪些不一致，本研究又做了哪些修正、补充和发展，还存在哪些不足或遗留问题。

（4）结论适用的领域、范围和环境条件

对于初次撰写论文的广大青少年，应注意避免将实验结果代替结论，或将二者混淆。结论之前的章节内容通常是"结果分析或讨论"，是真实展现实验数据和观测结果，并进行整理和描述的部分；而结论是在前文所阐述的事实材料基础上进行的推理判断，是整个研究工作的结果和论点的概括。

从书写要求看，结论要概括准确、措辞严谨、明确具体、简短精炼，语气表达要客观。写作中应逐条回应研究目的，告知读者是否得到了科学的结果或规律，给出明确判断。如果结论内容较少，可以整个为一段，不分条展开；如果结论内容较多，可以分条来写，每条各起一段。结论一定要建立在肯定的和可靠的证据之上，实验中不能肯定有待进一步探究的内容，切忌夸大事实，"可能""也许"等模糊词语均不可写入结论，措辞要留有余地，也不宜用如"本研究具有国际先进水平""本研究结果属国内首创""本研究结果填补了国内空白"一类语句来做自我评价。

案例1：移动互联网＋公共场所急救医疗新模式构建研究（获第38届北京市青少年科技创新大赛一等奖）的"结论"如下。

北京公共场所体外自动除颤器 AED 配置严重不足，急救员配备不足。急救能力低；公共场所不重视工作人员急救能力建设与培养；北京市民缺乏急救意识、急救能力差，近90%的人对 AED 认识不足，不懂得 AED 的操作技能。关键时刻不能"自救与互救"；社区缺少组织急救知识培训，培训不系统；学校缺乏对青少年急救能力的培养；报纸、电视、互联网等媒体进行民众急救知识宣传少。

案例2：北京市小学生上下学接送情况调查研究（获第39届北京市青少年科技创新大赛一等奖）的"结论"如下。

（1）小学生上下学由家长亲自接送是普遍现象，是社会治安和交通秩序多种原因导致的。

（2）机动车接送比例上升，对交通和环境造成很大压力。

（3）学生独立上下学和课后托管值得肯定。

（4）解决接送和独立上下学难题要从家庭文化入手。

（二）建议

结论之后，可以进一步提出建议。

建议部分可以单独起一个标题，也可以包含在结论部分的最后一条，字数控制在100~300字。建议可以是写给自己下一步研究方向的展望，也可以是写给别人作为向某机构的建议，供相关部门参考。如果没有建议，也不需勉强杜撰。

案例：北京市小学生上下学接送情况调查研究（获第39届北京市青少年科技创新大赛一等奖）的"建议"如下。

（1）强化政府职能，办好每一所学校，进一步提高全市中小学免试就近入学比例，为改善校园周边交通组织形式提供保障。

（2）完善和整治校门口交通和家长接送交通工具的使用。

（3）学校、社区和机构多方联动，为学生独立上下学提供选择。

（4）家长要培养孩子独立上下学的能力。

（5）坚持小黄帽路队制。

（6）利用共享技术等手段解决接送问题。

十二、价值体现在创新

每年都有不计其数的青少年科技创新论文被提交到各项科创活动赛事中，论文的内容涉及广泛，价值参差不齐。社会的发展需要创新，论文的重要价值也在于创新，哪怕是很小的课题，有创新的内容或研究方法，同样能脱颖而出。

青少年科技创新项目主要包括以下五个层次。

（1）第一个层次是科学思想创新。科学思想，是指在各种特殊科学认识和研究方法的基础上提炼出来，能够发现和解释其他同类或者更多事物的合理观念和推断法则，它对进一步、更广泛的科学研究与实践有着指导作用。

较为常见的科学思想有：数学科学中的极限思想、自然科学中的互补思想、生命科学中的进化思想、社会科学中的和谐思想以及思维科学中的系统思想、哲学科学中的转化思想。

（2）第二个层次是科学理论创新。科学理论是指对某一科学领域所做的系统解释的知识体系，由系列性的概念、判断和推理组成。科学理论是人类认识长期发展的总结，是在实践经验的基础上经过思维加工而形成的、具有严密逻辑结构的学说体系，因此实践检验是科学理论真理性的标准，也是科学理论产生发展的源泉和动力。科学理论的建立要经历从假说到科学理论的转化过程，它的形成和发展与辩证思维是密切联系着的，因此，只有辩证的思考才能真实、正确地说明自然界和人类社会各种事物的内在联系，解决理论的选择、思想评价的科学性及建立严整的理论体系。科学理论来源于实际，是为了解决实际问题而提出的理论要求，因此，一切真正的科学理论都必须和实际相结合。凡是脱离实际的理论，不能解决实际问题的理论，都不是科学理论。唯物论、辩证法为科学理论的形成提供了正确的世界观和方法论，而科学理论本身又是唯物论和辩证法的具体体现，甚至是它们直接应用的科学结晶。

（3）第三个层次是提出新科学假说、科学定律、方法创新。科学假说是人们将认识从已知推向未知，进而变未知为已知的必不可少的思维方法。在探求现象之间的因果关系、事物的内部结构及其起源和演化的规律时，一旦有了假说，科学工作者就能根据其要求有计划地设计和进行一系列观察、实验；而假说得到观察、实验的支持，就会发展成为建立有关科学理论的基础。也就是根据现在的科学基础对未来的世界或者其余的发展做出某一种科学的定义。

科学方法是人们在认识和改造世界中遵循或运用的、符合科学一般原则的各种途径和手段，包括在理论研究、应用研究、开发推广等科学活动过程中采用的思路、程序、规则、技巧和模式。在心理学中，主要是指利用科学思维从事科学研究，从而得出所研究对象的本质和规律。

（4）第四个层次是发现新的科学事实。科学事实是经过对经验事实的科学整理和鉴定后获得的，关于客观存在的事件、现象和过程的真实描述或判断。属于认识论范畴，它体现了客观事实在科学认识主体中的记述和判断。没有客观事件的发生，就不会有科学事实；没有主体所设置的认识条件（包括概念系统）也无法记载科学事实，因此它的形式是主观的，内容是客观的。对同一客观事件，可以因为认识条件设置的合理而描述得较精确，也可因为认识条件设置的不合理而描述得较粗糙甚至歪曲了事实。

（5）第五个层次是发明一个新技术，解决一个问题。

第一层次贯穿于其他四个层次之中。通常情况下，青少年科技创新项目研究主要在第四、五两个层次，一个项目研究只要包括其中一个层次就可以说具有创新价值。

案例 1：北京市采用新型小球节水方案的可行性研究。

北京市海淀区中关村第二小学的张维钧同学想方设法节约用水，以减少地下水开采。通过上网查询，发现美国和以色列已经发明了新型小球节水方案。于是，产生了疑问：如果北京采用小球节水方案，能否大大减少水库的水分蒸发量呢？北京市采用小球节水方案的成本和节水价值如何，能否推广使用？

通过缜密的方案设计，在中国科学院水生生物研究所进行多次实验分析、验证，初步证明了铺满小球的实验箱蒸发量比没有小球的明显要少，并且深色球效果略好于白色球，说明小球节水方案是有效的。

方案的创新性着重体现在：小球节水方案绿色环保，不但减少水分蒸发，还能净化水质，具有很好的创新性。

这个研究最终提交到北京市科学建议奖的活动中，获得了科学建议奖提名奖。

案例2：关于在北京推广"互联网+"形式的"地铁一日票"的建议。

北京市海淀区中关村第二小学的赵麟通同学提出一个关于在北京实施"地铁一日票"的建议。

建议的缘起在于他和爸爸出国旅游时，经常乘坐当地的地铁。总会买一种地铁票，英文叫作Daily Pass，中文翻译过来是"地铁一日票"。他觉得，Daily Pass对于游客来说，既省钱又方便。让旅行变得更加轻松快乐。

通过查阅北京地铁票发展的历史与现状，有针对性地调查一日票的需求与定价，最终提出了具体的北京一日票发售方案，包括卡片的发售、管理甚至外观设计以及公益宣传。

这一研究解决了北京发展中的一个交通问题，让在北京的外地游客的出行变得便捷与高效，本项目也成为当年北京市科学建议奖提名奖。

十三、懂得感恩写致谢

现代科学技术研究往往不是一个人能单独完成的，需要他人的合作与帮助。因此，当研究成果以论文形式发表时，作者应当对他人的劳动给予充分肯定，并对他们表示感谢。

国家标准《科学技术报告、学位论文和学术论文的编写格式》（GB 7713—87）对研究生学位论文撰写做出规定："在正文后对下列方面致谢：国家科学基金、自主研究工作的奖学金基金、合同单位、资助或支持的企业、组织或个人；协助完成研究工作和提供便利条件的组织或个人；在研究工作中提出建议和提供帮助的人；给予转载和引用权的资料、图片、文章、研究思想和设想的所有者；其他应感谢的组织和个人。"

研究生学位论文对于致谢部分的要求已经明确，中小学科技创新论文也应有属于自己的致谢部分。

关于"致谢"的定义，Ben-Ari（1987）认为："致谢是一种简洁的陈述，是人与外部环境之间的桥梁，既是对作品的介绍，也是对在完成作品的过程中得到外部帮助的一种重建。"

科技论文的致谢词一般单独成段在"结论"段之后，现代科学技术研究往往不是一个人能单独完成的，而是需要他人的合作与帮助，因此，当研究成果以论文形式发表时，作者应当对他人的劳动给予充分肯定，并对他们表示感谢。

论文致谢词不仅是为了表示尊重所有合作者的劳动，它有利于促进形成和谐、互助的学术风气。致谢提供的信息通常也有记录在案的含义，这对读者判断论文的完成过程和价值有参考作用。

致谢对象应对文章给予实质性帮助，包括资金、设备、人力以及文献资料等支持和帮助的团体和个人。应尽量指出致谢对象的具体帮助与贡献，致谢某人可能暗含着某人赞同论文的观点或结论，必须征得被致谢人的书面同意，如果被感谢的人并不同意论文的全部观点或结论，那么论文公开后被感谢的人和作者都会很尴尬。致谢要诚恳恰当，不使用"虚话"和客套话。

1. 被致谢者的条件

（1）对科技论文提供帮助的单位和个人；

（2）为科技论文的完成提供便利条件的组织和个人；

（3）指导和提出重要意见的人；

（4）做出贡献但又不能成为作者的人，阐明给予支持的性质与内容；

（5）其他据实际情况需致谢者。

2. 避免发生的问题

（1）在被致谢人不知情的情况将被致谢人写入内容；

（2）致谢与科技论文不相关的亲戚、家属；

（3）以名人、知名专家包装自己的论文，有意抬高论文价值，将未曾参与工作的、未阅读过该论文的知名专家、学者写入致谢部分。

（4）致谢词禁止全文抄袭，在论文查重时这部分内容出现恶意抄袭现象会被取消竞赛资格或评优资格。

案例 1： 医学论文里致敬偶像歌手引发众人思考。

2018 年，一条"医学生论文致谢偶像歌手"的话题被推上热搜。这一事件的主人公是来自浙江大学医学院的研二学生胡江华。5 月 2 日，她在世界科学界最权威的期刊数据库 SCI 中发表了自己人生中第一篇论文，在其中的致谢部分，她特地感谢自己的偶像歌手，"在过去的 10 年里，他的歌曲给了我强大的精神支持"。看到新闻的人都被逗乐了，纷纷感慨论文致谢语也像奥斯卡感谢词一样有意思起来了。

众所周知，无论是国内还是国外，论文、著作中都少不了致谢部分。一项研究成果、一部著作的形成，是研究者读了大量的书籍，并和许多人交流、探讨的结果，学术论文更是如此，学生会受到很多老师的直接指导，但这些指导不可能像参考文献那样在文章中标注出来，于是，便要通过"致谢"的形式加以表达。致谢既包含着对别人劳动的一种尊重，也是自己求学历程的心迹表露。

有人曾针对毕业论文里的致谢部分做过统计。结果表明，80 篇受统计研究生的毕业论文中，理工科和人文社科各占 40 篇，其中首位致谢的对象，所有人都选择了自己的导师。

案例 2：《北京市小学生上下学接送情况调查研究》致谢。

感谢方秀琳、师丽花、李作林三位指导老师对我们课题研究的耐心帮助和指导！也感谢陈宏程老师对问卷调查和论文撰写给予的帮助！感谢我们就读的学校和小学就读母校的支持！感谢北京市教委、交通委、城管大队和街道办事处各位领导和工作人员的大力支持！感谢在此次调查中提供帮助的所有同学、家长、保安叔叔、交通协管员、交通民警、问卷参与者！

十四、支撑材料放附件

论文除了正文外，还要把一些必要的支撑材料以附件的形式放在正文之后，增加项目的可信度。也可以独立成卷，在提交或展示时交给评委。

全国青少年科技创新大赛比赛规则（2019 年修订版）规定，在终评时要展示原始材料，包括实验日志、实验原始数据、活动照片、调查问卷、访谈记录等，这些资料给评委和参观者提供了项目最原始的面貌，既能增加对项目的了解，又能增加项目的可信度。从 2017 年第 32 届全国青少年科技创新大赛起，科技辅导员科技方案必须是实施完成或正在实施的。证明可行性的和实施后效果的诸如心得体会、照片资料或评估数据等都有助于证明该方案具有可行性，这些实施后效果的展示，绝不能出现在科学教育活动方案的正文中，而应以附件的形式单独提供，这是一条不可逾越的规则。

"明天小小科学家"奖励活动终评的通知中，也规定要提交项目研究报告及研究日志、实验数据等原始证明材料。

案例：北京市小学生上下学接送情况调查的附件。

12　附件

    12.1　研究方案

    12.2　北京市小学生上下学接送情况调查——学生问卷

    12.3　北京市小学生上下学接送情况调查——家长问卷

    12.4　访谈提纲 北京市小学生上下学接送情况调查

    12.5　专家意见

    12.6　北京市西城区文昌胡同、大木仓胡同和民康胡同采取交通管控通告

    12.7　问卷统计记录表

    12.8　研究照片

北京市小学生
上下学接送情
况调查研究

专题 10　申报和参赛

由青少年个人或集体（2~3人）完成的科技创新课题研究和实物发明作品（评审成绩优异者方有机会）可逐级申报各省市青少年科技创新大赛和全国青少年科技创新大赛。而由高中生个人完成的课题研究和实物发明作品，可以直接网上申报全国"明天小小科学家"活动。

一、各省市青少年科技创新大赛的申报和参赛

1. 作品首次申报途径和时间

青少年个人或集体（2~3人）完成的科技创新课题研究和实物发明作品首次申报必须通过所在学校统一上交（申报表和作品的纸质版及电子版一般都交，相关原始资料也要复印上交）到归属的市区主办单位组织的青少年科技创新大赛组委会，一般是在每年10月中下旬到12月底（不同省市会有些许差异），作品汇总后，会邀请相关学科评审专家根据"三自"（自己选题、自己研究和设计、自己撰写和制作）和"三

性"（科学性、创新性、实用性）原则进行评审。

2. 市区青少年科技创新大赛评审成绩优异作品可晋级到省市青少年科技创新大赛

评审成绩优异作品再次修改完善后，一般会得到一个授权码，在当年底或下年初登录省市青少年科技创新大赛申报网站，上传作品电子版及相关资料，纸质材料也要上交到省市青少年科技创新大赛组委会，作品汇总后，也会有相关学科评审专家根据"三自"和"三性"原则进行评审。

3. 省市青少年科技创新大赛初评成绩优异作品可晋级到终评，由专家进行现场问辩

省市青少年科技创新大赛组委会一般会在下一年 2 月通知初评成绩优异作品入围进入终评，要求终评作品所有作者均需到现场参加评审问辩活动，按要求制作作品展板和准备答辩 PPT，时间一般是 3 月中下旬到 4 月中下旬，在一个大型场所，按学科划分区域，每个作品一个展位和一套桌椅。各学科评审专家会依次（3～5 人）来到作品展位前，针对作品的真实程度和新颖性等展开问辩评审活动，并给出问辩成绩，评出"一、二等奖"（部分二等奖和三等奖作品无缘问辩交流活动）。大赛组委会除安排问辩交流活动外，还会安排开幕式、公众参观、专项奖、闭幕式（颁奖典礼）等活动。

二、全国青少年科技创新大赛的申报和参赛

1. 各省市青少年科技创新大赛一等奖中优秀作品可申报全国青少年科技创新大赛

各省市青少年科技创新大赛组委会在一等奖中遴选出一定数量的优秀作品（根据所分配名额），在 5 月初，组织这些优秀作品登录到全国青少年科技创新大赛网站进行申报，上传作品电子版及相关资料，纸质材料也要上交到全国青少年科技创新大赛组委会。作品汇总后，也会有相关学科评审专家根据"三自"和"三性"原则进行评审。

2. 全国青少年科技创新大赛初评成绩优异作品可晋级到终评，由专家进行现场问辩

全国青少年科技创新大赛组委会一般会在 6 月中旬通告入围终评的初评升级优异作品，要求终评作品所有作者均需到某个省市大城市参加评审问辩活动，按要求制作作品展板和准备答辩 PPT，时间一般是 7 月底到 8 月初，也是按学科划分区域，每个

作品一个展位和一套桌椅。各学科评审专家会依次（3~5 人）来到作品展位前，针对作品的真实程度和新颖性等展开问辩评审活动，并给出问辩成绩，评出一、二、三等奖（部分三等奖作品无缘问辩交流活动）。大赛组委会除安排问辩交流活动外，还会安排开幕式、公众参观、专项奖、闭幕式（颁奖典礼）等活动。

三、全国"明天小小科学家"奖励活动的申报和参赛

（一）申报时间和途径

符合活动宗旨，品学兼优，且拥有个人科学研究成果的高中生均可以自由申报，申报时间是每年 5 月中旬到 6 月中旬，历时一个月。申报者在规定时间登录活动网站注册获取报名号，并在线填写、提交申报材料，包括必填和选填的申报表、项目研究报告、学习成绩证明材料，所有申报表填写完整（包括签名和盖章）后，由申报者扫描上传至申报系统。

（二）审查与初评

申报完毕后，7 月，各省、自治区、直辖市科协青少年科技教育工作机构和香港新一代文化协会、澳门教育暨青年局负责对本地区申报者进行资格审查。审查内容包括申报材料的规范性、项目研究符合要求、学习成绩真实有效等。审查之后，进入初评阶段，8 月，组委会邀请专家网络初评所有申报学生（2000 名左右）的材料，初评成绩前 130 名的申报者会入围终评，终评名单 9 月初在活动网站公布。

（三）终评与公示

终评名单公布后不久，会发布终评通知，10 月下旬至 11 月初，在北京或上海举办终评活动，要求所有入围终评学生均要到达现场，参加评审活动，包括研究项目问辩、综合素质考察、知识水平测试三个环节，由相关专家评估他们的创新意识和科研能力等综合素质。除此之外，组委会还将组织项目公开展示、科技主题参观、科学论坛等教育交流活动。经过终评评审后，组委会遴选出 100 名（自第 18 届起为 130 名）学生给予不同等级的表彰和奖学金资助，并授予其中 3 名学生"明天小小科学家"称号。终评评审结果会在网站上予以公示，接受社会监督。公示期之后，会予以相应奖励：一等奖15 名，其中"明天小小科学家"称号 3 名，颁发获奖证书、奖杯和奖学金；二等奖 35名，颁发获奖证书和奖学金；三等奖 50 名，颁发获奖证书和奖学金；入围奖 30 名。

创新大赛常见问题

CHAPTER 4
第 4 章

04

青少年科技
创新活动赛事

教育部办公厅关于 2020—2021 学年面向中小学生的全国性竞赛活动名单中，有十几项是科技类竞赛，其中全国青少年科技创新大赛已成为全亚洲规模最大、参赛国别最多的青少年科技赛事，以及面向高中生的"明天小小科学家"奖励活动，与国际科学与工程大奖赛（ISEF）、DI 全球赛、环球自然日全球总决赛等世界级赛事一道成为全球青少年科技创新成果展示和交流的平台。

（1）国内外青少年科技竞赛有各自鲜明的特点。组织形式上，国内是由政府部门主办，国际是由协会或学会非营利机构发起主办。创新大赛由中国科协等九部委共同主办，ISEF 由美国科学与公众社团创办，是全球历史最久、规模最大、等级最高的综合性国际青少年科学竞赛，DI 协会是世界上最大的、历史最悠久的关于创意和团队合作以及创意问题解决能力的机构。

（2）各赛事的参赛对象有所差异。ISEF 面向 9～12 年级中学生，参赛选手由全球500 多个联席赛事产生。创新大赛面向 1～12 年级（小学一年～高三），科幻画最低 5 岁，但进入终评鲜有小学 3 年级以下的学生。DI 则从幼儿园大班一直到大学，都可以组队参加。

（3）各赛事的竞赛内容和方式各有特色。ISEF 除科学研究项目展示评选外，还安排了教育家论坛、学术论坛及丰富多彩、极具特色的学生交流活动，充分体现了竞赛名称中的 Fair。创新大赛面向全国中小学生和科技辅导员，参赛选手由各省级赛事和相关国际竞赛产生。除青少年科技创新成果竞赛外，还包括辅导员、科技实践活动和科学幻想绘画等板块。除封闭问辩外，辅导员还要进行素质测评，所有选手要进行公开展示、科学论坛、与科协主席对话、动手做工作坊等。DI 除比赛外，还举办化装舞会、徽章交换、友好队见面、广场秀等。

（4）各种赛事都有各自的评审标准和各具特色的奖励方式。ISEF 每年邀请 1000 多名评委对学生项目进行评价，且在前沿和交叉学科分类上更为细化；创新大赛每年有 300 多名评委通过初评和终评对学生项目进行综合评价；DI 分组别进行公开比赛和评委打分，半小时后经队长签字后正式公布在成绩张贴板上，队长可以对打分进行上诉。3 项竞赛都在通过优化评委结构、保障问辩时间、规范评审标准、明确目标导向等措施，不断培养学生的科学兴趣，引导他们掌握正确的科研方法。

（5）奖励方面。ISEF 奖项众多、奖金丰厚，除了学科大奖还有超过 70 个机构设立专项奖。创新大赛按学科评选一、二、三等奖，并针对社会机构设立的专项奖组织了专项颁奖晚会。DI 有隆重的闭幕颁奖仪式，获奖选手集体接受全场的欢呼。

专题 11　国内主要科技赛事

一、全国青少年科技创新大赛

1. 活动宗旨

推动青少年科技活动的蓬勃开展，培养青少年的创新精神和实践能力，提高青少年的科技素质，鼓励优秀人才的涌现；提高科技辅导员队伍的科学素质和技能，推进科技教育事业的普及与发展。

国内科技赛事网站

2. 竞赛项目分类

- 按学龄段分为：小学生项目、中学生项目。
- 按项目申报人数分为：个人项目、集体项目（最多 3 人参加，同地区，同学段）。
- 小学生项目研究的领域分为：物质科学、生命科学、地球环境与宇宙科学、技术、行为与社会科学。
- 中学生项目研究的领域分为：数学、物理与天文学、化学、动物学、植物学、微生物学、生物化学与分子生物学、生物医学、环境科学与工程、计算机科学、工程学、行为和社会科学 12 个学科。

3. 北京市青少年科技创新大赛简介

北京市青少年科技创新大赛的英文名称为：Beijing Youth Science Creation Competition（英文缩写：BYSCC）。

活动主办单位：北京市科学技术协会、北京市教育委员会、北京市科学技术委员会、北京市知识产权局、举办区县政府等单位联合主办。

历史概况：北京青少年科技创新大赛是北京市青少年科技创新成果和科学探究项目的综合性科技竞赛，是目前北京市面向在校中小学生开展的规模最大、层次最高、具有示范性和导向性的科技教育活动之一，是目前北京市中小学各类科技活动优秀成果集中展示的一种形式。北京青少年科技创新大赛每年举办一次，每年一个主题。

4. 全国青少年科技创新大赛简介

全国青少年科技创新大赛的英文名称为：China Adolescents Science & Technology Innovation Contest（英文缩写：CASTIC）。

活动主办单位：中国科协、教育部、科学技术部、生态环境部、国家体育总局、共青团中央、全国妇联、国家自然科学基金委员会和举办地省市政府等联合主办。

历史概况：全国青少年科技创新大赛已成为我国国内面向在校中小学生开展的规模最大、层次最高的青少年科技教育活动。全国青少年科技创新大赛每年举办一次，目前已连续举办了 34 届。大赛的活动内容包括两个系列，一个是竞赛系列，一个是展示系列。竞赛系列活动是青少年的科技创新成果竞赛和科技辅导员科技创新成果竞赛。展示内容分为优秀科技实践活动展示和科学幻想画展示。决赛阶段所有参赛选手都要参加公众展示、封闭问辩、素质测评（辅导员）等环节。

小苹果—29 届
大赛回顾

二、"明天小小科学家"奖励活动

1. 活动简介

"明天小小科学家"奖励活动是一项面向高中生开展的科技创新后备人才选拔和培养活动。活动旨在发现具有科研潜质的优秀学生，鼓励他们选择学习科学技术专业、未来投身科学研究事业。活动接受品学兼优且拥有个人科学研究成果的高中生自由申报，通过对学生创新意识和科研能力等综合素质的考察，遴选出 130 名学生参加终评，给予不同等级的表彰和奖学金资助，并授予其中 3 名学生"明天小小科学家"称号。

2. 举办时间

申报时间通常为每年 5 月中旬至 6 月中旬。

初评时间通常为每年 8 月，形式为专家网络评审。

终评时间通常为每年 10 月下旬至 11 月初。

3. 举办地点

北京、上海等地。

4. 主办单位

中国科学技术协会、中国科学院、中国工程院、国家自然科学基金委员会、周凯旋基金会。

5. 活动流程

活动按申报、审查、初评、终评、公示、奖励六个阶段组织实施。

- 申报阶段：申报者在规定时间登录活动网站注册获取报名号，并在线填写、提交申报材料（包括申报表、项目研究报告、学习成绩证明材料）。所有申报表填写完整（包括签名和盖章）后，由申报者扫描上传至申报系统。
- 审查阶段：各省、自治区、直辖市科协青少年科技教育工作机构和香港新一代文化协会、澳门教育暨青年局负责对本地区申报者进行资格审查。审查内容包括申报材料的规范性、项目研究符合要求、学习成绩真实有效等。
- 初评阶段：专家网络评审学生申报材料，初评成绩前130名的申报者入围终评。入围终评名单每年9月在活动网站公示。
- 终评阶段：形式为现场评审，包括研究项目问辩、综合素质考察、知识水平测试三个环节。除此之外，组委会还将组织项目公开展示、科技主题参观、科学论坛等教育交流活动。
- 公示阶段：入围结果和终评结果将在网站上予以公示，接受社会监督。
- 奖励阶段：终评现场评选出"科智公益大奖"1名，一等奖15名，其中"明天小小科学家"称号3名，均颁发获奖证书、奖杯和奖学金；二等奖35名，颁发获奖证书和奖学金；三等奖50名，颁发获奖证书和奖学金；入围奖30名，颁发获奖证书。

6. 参与活动要求

品学兼优且拥有个人科研成果的高中生可以自主在网站申报。科研成果应属于数学、计算机科学与技术、物理学、地球与空间科学、工程学、动物学、植物学、微生物学、生物医学、生物化学、化学、环境科学学科领域。申报过程中需要填写本人、监护人、学校及教师的基本信息，个人研究项目的基本信息、研究内容概况、个人兴趣、课外活动情况、自我评价、辅导教师对申报者的评价，科研机构科技专家对科研项目的评价等。

明天小小科学家
奖励活动介绍

三、中国青少年机器人竞赛

1. 活动简介

中国青少年机器人竞赛创办于2001年，是中国科协面向全国中小学生开展的一项将知识积累、技能培养、探究性学习融为一体的普及性科技教育活动。竞赛为广大青少年机器人爱好者在电子信息、自动控制以及机器人高新科技领域进行学习、探索、研究、实践搭建、成果展示和竞技交流的平台，旨在通过富有挑战性的比赛项目将学生在课程中的多学科知识和技能融入竞赛过程中，激发学生对工程技术的学习兴趣，培养学生的创新意识、动手实践能力和团队精神，提高学生的科学素质。

2. 举办时间

每年 6～7 月。

3. 举办地点

根据竞赛情况指定当年竞赛地点。

4. 主办单位

中国科学技术协会、举办地省（直辖市、自治区）人民政府。

5. 网址

扫描二维码可见。

6. 主要内容

中国青少年机器人竞赛从最开始的一个竞赛项目，直到 2016 年整合为现在的机器人综合技能比赛、机器人创意比赛、FLL 机器人工程挑战赛、VEX 机器人工程挑战赛和教育机器人工程挑战赛五个竞赛项目，集知识性、竞技性、趣味性为一体，一直吸引着广大青少年积极参与。

（1）机器人综合技能比赛面向中小学生，在一块固定的场地上设置数个不同难度的任务，要求参加比赛的代表队在完全封闭的现场自行拼装机器人、编制机器人运行程序、调试和操作机器人。机器人综合技能比赛可以检验青少年对机器人技术的理解、对机械结构的认识以及对基本程序编写的掌握程度，可以激发青少年对机器人技术的兴趣，培养他们动手、动脑的能力。经过比赛，学生们不仅完成了自己的比赛机器人，也提升了对科技和利用科技来积极影响周围世界的认识。

（2）机器人创意比赛是一项自由度比较高的竞赛，每年设置一个主题。学生在辅导老师的指导下，在学校、家庭、校外机器人工作室或科技实验室里，以个人或小组的方式进行智能机器人的创意、设计、编程与制作，最后完成自己的机器人创意作品参加大赛展示和评选。整个比赛过程持续 6 个月左右，是一项充分发挥青少年创新性思维，培养团队协作能力，展现他们综合素质的竞赛项目。

（3）VEX机器人工程挑战赛也是一项国际青少年机器人比赛项目，每年设置一个主题并设计新的竞技内容。比赛采用联队对抗形式进行，参赛青少年通过遥控器控制已方的两个机器人获得尽量多的分数，同时还要合理运用战略防止对方得分。VEX比赛对抗性强、展示性高，深受青少年的喜爱。

（4）教育机器人工程挑战赛设置与年度主题有关的模拟场景任务，要求参赛队在现场拼装机器人、编程、调试和操作机器人，完成比赛任务。比赛检验青少年对机器人技术的理解和掌握程度，激发青少年对机器人技术的兴趣，培养青少年动手能力。

7. 参赛（加）条件

从区级竞赛选拔到省市级，省（自治区、直辖市）组成代表团统一组织报名参赛。

机器人竞赛资源

四、全国青少年科学影像节活动

随着网络和多媒体信息技术的发展，视频、图像、动漫、游戏等新媒体日益走进人们的生活，成为人们日常生活和学习必不可少的媒介，特别是青少年对新媒体有着浓厚的兴趣。为贯彻落实《全民科学素质行动计划纲要》，提高未成年人科学素质，推动新媒体科普活动的广泛开展，中国科学技术协会从2010年开始举办全国青少年科学影像节活动，该活动已成功举办了五届。全民青少年科学影像节是面向广大青少年开展的一项融知识性、科学性、趣味性为一体的探究性科普活动，是鼓励广大青少年探索科学世界、体验媒介技术、展示实践成果的一种重要形式。活动围绕《全民科学素质行动计划纲要》工作主题"节约能源资源、保护生态环境、保障安全健康、促进创新创造"开展。申报作品应结合"探究科学，放飞梦想"的主题，从节能减排、低碳环保、安全健康、防灾减灾、发明创造、创新创意等方面为主要拍摄内容。申报作品分为科学探究纪录片、科学微电影和科普动画三个类别，旨在鼓励青少年学习和使用网络与多媒体技术，体验和掌握科学探究的方法与过程，培养青少年科学的情感、态度、价值观，促进科学影像类科普资源的创作与推广，加强未成年人思想道德建设，提高未成年人科学素质。

第七届影像节回顾

五、全国青少年创意编程与智能设计大赛

为贯彻落实国务院在《新一代人工智能发展规划》中提出的任务要求，推动中小学校探索建立人工智能相关课程的教育模式，向广大青少年普及推广人工智能相关科

普知识和技能，提高青少年对人工智能的认知和初步应用能力，中国科协青少年科技中心与中国青少年科技辅导员协会将联合主办全国青少年人工智能科普活动。活动内容包括创建全国青少年人工智能科普活动特色单位、组织开展骨干科技教师线上线下培训和交流活动、组织开展青少年创意编程线上体验活动、组织开展全国青少年创意编程与智能设计大赛。

六、"童创未来"全国青少年人工智能创新挑战赛

为深入实施《新一代人工智能发展规划》，为青少年科技创新营造良好环境，支持并鼓励他们树立远大志向，放飞科学梦想，投身创新实践。中国少年儿童发展服务中心举办"童创未来"全国青少年人工智能创新挑战赛。

七、全国青少年电子信息智能创新大赛

2013 年起，中国电子学会和中国科学技术出版社共同主办全国青少年电子信息智能创新大赛。该大赛是集电子、软件、机器人、智能应用为一体的青少年电子信息综合创新活动，以充满趣味性的主题吸引了一届又一届的参赛者。给青少年、科技爱好者、教育工作者提供了一个切磋技艺、展示交流的场所。

该大赛包括电子科技、智能机器人、软件编程等类别，比赛分为小学组、初中组、高中组。大赛地方选拔赛时间为每年 4～10 月，全国总决赛时间为每年 11～12 月。

八、全国中小学信息技术创新与实践活动

全国中小学信息技术创新与实践活动是面向在校中小学师生开展的、运用信息技术、培养创新思维、提升实践能力与增强知识产权意识的一项活动。该活动由教育部关心下一代工作委员会、中国发明协会和中国教育电视协会共同主办。

九、全国中小学生创·造大赛

全国中小学生创·造大赛以培养有时代精神、创新能力和家国情怀的全球化终生学习者为目标，是一项围绕国家创新驱动发展战略和青少年创新思维养成而设计、以

比赛为呈现形式的科学教育实践活动，旨在培养学生综合运用知识的能力、基本工程实践能力、创新意识与创造能力，激发学生从事科学研究与探索的兴趣和潜能，引导学生注重团队协作、动手实践，全面提高学生科学素养。

竞赛项目和主题活动包括：竞技类项目、作品类项目、发明创新项目和主题活动。比赛分为小学组、初中组和高中组，可以学校或个人名义报名参赛。

十、全国青少年科学调查体验活动

全国青少年科学调查体验活动是由中国科学技术协会、教育部、国家发展和改革委员会、中央精神文明建设指导委员会办公室和共产主义青年团中央委员会共同主办的一项面向全国青少年的基础性、普适性科普活动。该活动以激发青少年科学兴趣、培养其科学探究能力和实践能力为目标，以科学调查和科学体验为主要内容，以期实现青少年科学素质的提高。

活动在"体验科学　快乐成长"主题下，围绕"能源资源""生态环境""安全健康""创新创意"四个领域设定若干活动任务，以任务菜单的形式供广大青少年自主选择参加。

全国青少年科学调查体验活动始于 2006 年，经多年发展，活动覆盖面和影响力不断扩大，目前已成为一项深受中小学校和广大青少年欢迎的品牌科普活动，现已覆盖全国 31 个省、自治区、直辖市以及新疆生产建设兵团，并被教育部列入"面向中小学生的全国性活动名单"和"圆梦蒲公英"暑期主题实践活动。

十一、全国青年科普创新实验暨作品大赛

2014 年起，为动员和激励广大学生参与科普创作，扩大科普活动的社会影响力，树立品牌，整合资源，促进科学思想、科学精神、科学方法和科学知识的传播与普及，扩大科普活动的社会影响力，中国科学技术协会主办了全国青年科普创新实验暨作品大赛，比赛由中国科学技术馆、中国科协青少年科技中心承办。

十二、全国中学生天文知识竞赛

全国中学生天文知识竞赛的目的是推动天文基础教育。该竞赛以天文相关时讯、

基本天文概念和常识、天文观测为比赛内容，为全国热爱天文学的师生提供交流平台，加强天文科普教育的国际交流与合作。

十三、全国防震减灾知识大赛

全国防震减灾知识大赛旨在进一步向青少年和全社会宣传防震减灾理念，普及防震减灾知识和防范应对技能，增强防震减灾意识，提高应急避险技能和自救互救能力，增进社会公众对防震减灾工作的理解、支持和参与，推动防震减灾工作更好地为社会服务，有力地提升全民防震减灾科学素质和全社会防震减灾综合能力。

十四、中国青少年科技创新奖

2004 年，在邓小平同志诞辰 100 周年之际，邓小平同志亲属根据他的遗愿，捐献出他生前全部稿费，委托共青团中央、全国青联、全国学联、全国少工委共同设立中国青少年科技创新奖。邓小平同志生前一直十分关心青少年的健康成长，注重青少年创新精神和创新能力的培养。这一基金的设立，对于引导广大青少年高举邓小平理论和"三个代表"重要思想伟大旗帜，坚定走中国特色社会主义道路的信念；对于进一步激发广大青少年的爱国热情，弘扬民族精神，立志报效祖国；对于不断激励广大青少年积极投身科技创新，大力推动科教兴国战略和人才强国战略的实施，为全面建设小康社会、实现中华民族伟大复兴而奋斗，都具有重要的意义。

十五、市级比赛（以北京市为例）

1. 北京青少年科技创新市长奖

21 世纪初，北京市组织学生参与国外重要科技赛事时发现，发达国家已经把后备人才的培养起点和重点放在青少年身上，很多国家和地区设立政府首长奖，例如美国纽约就设立了市长奖。于是，北京市便有了设立市长奖的想法。

由北京市科协、北京市教委和北京市科委共同组织评选的北京青少年科技创新市长奖（以下简称市长奖）自举办以来，得到社会各界的高度关注，产生了广泛影响，充分体现了市委市政府对青少年科技创新活动的关心和重视，对激励广大青少年积极参与科技活动，培养创新型科技后备人才，实施国家人才战略起到了重要的推动作用。

2. 北京市中小学生金鹏科技论坛

金鹏科技论坛旨在为学生提供一个参加科技实践活动的平台，引导学生在求实、体验、探索、创新的科技实践中成长，坚持面向全体中小学生；强调学生独立完成；注重学生活动过程中的体验；重视学生学习兴趣和科研方法的培养；鼓励学生创新意识，培养学生创新能力；完善学生素质结构，促进学生全面发展。

3. 北京市中小学生科学建议奖活动

科学建议奖活动把社会主义核心价值观的培育融入生动丰富的科技教育活动之中，以"立德树人"为根本任务，引导广大中小学生在努力学习科学文化知识的同时，关注首都北京社会发展，积极参与城市建设。为开展好此项活动，特制定本实施方案。鼓励青少年学生积极参加社会实践活动，培养中小学生的社会责任感、创新精神和实践能力，打造科技教育活动品牌，推动我市科技教育广泛深入开展。

4. 北京市中小学生电子与信息创意实践活动

北京市中小学生电子与信息创意实践活动以电子信息技术和智能控制技术作为载体，培养学生的核心素养；增强学生的创新精神和实践能力；提升学生的专业知识与技能；培养学生的团队合作精神和竞争意识。同时，活动也为学校开展电子信息与智能控制教育教学搭建了展示成果和交流学习的平台。

5. 北京市中小学生观鸟比赛

观鸟是在不打扰鸟类正常生活的情况下，利用望远镜和鸟类图鉴等，在自然中对鸟类进行观察。鸟以其绚丽的羽色、卓越的风姿、万千的体态、清婉的鸣声吸引着人类，但随着自然环境的破坏和过度捕杀，野生鸟类的数量急剧减少，多种鸟类灭绝或濒临灭绝。观鸟活动旨在增进中小学生对身边鸟类的认识，培养学生的观察能力和探究能力，加深学生对生态平衡和生物多样性的理解，促进学生德、智、体全面发展。

6. 北京市中小学生纸飞机比赛

纸飞机比赛是一项集科技、体育、趣味于一体的新型活动，因使用材料简单、不受场地限制而受到广大学生的欢迎，在众多学校（尤其是农村学校）深受欢迎。活动鼓励学生自行设计与制作，培养实践能力与创新意识，加强学生的体能锻炼。

通过学习纸飞机的制作、调试、投掷方法，让学生初步掌握模型飞机飞行原理，丰富学生的课余生活，在探索中体验科技活动过程的快乐，培养学生学科学、用科学的兴趣，提高学生的动手能力，锻炼学生的体能，促进学生的全面发展。

7. 北京市中小学生自然知识竞赛

（1）个人赛：学生参加各场馆活动，如参观展览、听科普报告、观看科普录像片、参加科学家与青少年座谈会，进行网上答题。

（2）团体知识竞赛：比赛分高中、初中、小学三个组进行，题目类型包括：必答题、抢答题、快速答题、竞猜题、动手题和科普剧表演（高中组无科普剧）。按得分评选出团体冠、亚、季军。

国际主要科技
赛事网站

专题 12　国际主要科技赛事

一、英特尔国际科学与工程大奖赛

（1）举办时间：每年 5 月，约 7 天。

（2）地点：美国匹斯堡、凤凰城、洛杉矶 3 个城市轮流举办。

（3）主办单位：美国科学与公众社团（Society for Science & the Public，SSP）。

（4）网址：扫描二维码可显示。

（5）主要内容：每年有来自全球 70 多个国家和地区的约 1500 名青少年参加，该赛事是世界上规模最大、等级最高的面向 9～12 年级学生的科技竞赛，素有全球青少年科技竞赛"世界杯"美誉。竞赛学科涵盖动物学、行为科学和社会科学、生物化学、细胞和分子生物学、化学、计算机科学、地球科学、电气和机械工程学、环境管理、材料和生物工程学、能源和交通运输、环境科学、数学、医学与保健科学、微生物学、物理和天文学、植物学 17 个学科。每年有来自 50 多个国家超过 1500 名青少年科学家为赢得 16 个科学类别和 1 个团队项目类别的总价超过 400 万美元的奖学金和奖品展开激烈的角逐。获奖者除了可以获得高额奖金外，还可参加当年诺贝尔颁奖典礼，还能经美国麻省理工学院林肯实验室（小行星发现机构）以获奖者的名字为小行星命名。并且能优先就读哈佛大学麻省理工学院等名校以及北京大学等国内名校。

自 2000 年起，英特尔公司开始与中国科学技术协会合作，每年赞助中国学生参加比赛。迄今，已经有 350 名中国学生携 244 个项目参加这一赛事，并赢得了 204 个奖项。同时，中国科协技术协会自 2004 年年起在这项比赛中设立"中国科协主席奖"，奖励 5 个优秀科学研究项目，每个项目奖金 3000 美元。2014 年，中国科协技术协会对奖项进行了调整，获奖名额增加至 10 个项目，每个项目的奖金变为 1200 美元，总奖金额度为 12 000 美元。

（6）参赛（加）条件：比赛当年 5 月 1 日前年龄 20 岁以下；研究项目的持续时间不能超过 1 年；集体项目人数为 2~3 人；英语的听、说、读、写能力强。中国科协青少年中心在 1 月组织冬令营，选拔出参加的队员和项目。

（7）学生和项目名额：大陆地区 24 个项目。

（8）推选单位：中国科协青少年科技中心国际交流处。

二、头脑创新思维竞赛（DI）

（1）举办时间：5 月。

（2）地点：美国总部指定比赛地点。

（3）主办单位：DI 协会。

（4）网址：扫描二维码可显示。

（5）主要内容：由美国引进，主要是开发青少年智力。头脑创新思维竞赛（DI），是英文 Destination Imagination 的缩写，意思是"目的地想象"，是一项国际性的培养青少年创造力的活动。DI 协会成立于 1983 年，总部设在美国的新泽西州，并于每年 5 月在美国举办 DI 全球总决赛。

（6）参赛（加）条件：分为幼儿组、小学组、初中组、高中组、大学组，每组 5~7 名成员，最多两名指导教师，完成年度团队挑战和即时挑战，获中国区一等奖或特别奖的参赛队可以晋级参加美国的全球总决赛。

（7）学生和项目名额：每年大约 80 支队。

（9）推选单位：DI 中国区组委会。

DI 国际邀请
赛短片

三、环球自然日——青少年自然科学知识挑战活动

（1）举办时间：7 月。

（2）地点：中国上海。

（3）主办单位：环球健康与教育基金会。

（4）网址：扫描二维码可显示。

（5）主要内容：该挑战赛就自然科学范畴每年确定一个主题，由一名老师和两名

学生组团。参赛者在自然科学范畴内，从区域、国家乃至全球角度自主选择方向，确定题目，通过多种渠道获取信息，发现新视角，并结合艺术、科学、历史、社会等多方面的知识，对所选择的题目加以分析和研究，发挥创意，成果通过展览或表演的形式进行展现，参与竞技。

（6）参赛（加）条件：获各个赛区一等奖的团队。

（7）学生和项目名额：每年大约有 100 组。

（8）推选单位：各省市环球自然日组委会。

四、欧盟青少年科学家竞赛

由欧盟委员会于 1989 年发起，由欧盟科研与创新总署管理，旨在促进青少年科学家之间的合作与交流，引导他们未来从事科技方面的工作。比赛主要面向欧盟成员国和其他欧洲国家（冰岛、以色列、挪威、瑞士、土耳其、摩尔多瓦、塞尔维亚）的高中及大学一年级学生，中国与日本、韩国、加拿大、美国等 8 个国家作为国际特邀国家参赛。赛事涉及生命科学、生物技术、化学、地球科学、工程学、环境科学、信息和计算机科学、数学、医学、微生物学、物理、社会科学共 12 个学科。中国科协青少年科技中心从 2002 年开始组团参加此项比赛。

五、国际可持续发展项目奥林匹克竞赛

国际可持续发展项目奥林匹克竞赛（能源、工程、环境）是一项面向 9～12 年级学生的科学赛事，也是全球同类赛事中规模最大的科学赛事，由宇宙基金会和美国国家航空航天局共同主办，每年约有来自 60 个国家及地区的 1600 余名选手参加。其目标是就全球可持续发展所面临的挑战激发学生的兴趣和意识；帮助学生把握相关议题；探寻解决问题的可行性方案；引起青少年的关注；加快世界可持续发展进程。

六、伦敦国际青少年科学论坛

自 1959 年起，英国文化协会在英国政府的支持下，每年主办一届"伦敦国际青年科学论坛"。该论坛每年选择在一所英国高校举办，约有 350 位（17～21 岁）来自约 50 个国家和地区的学生参加。每届论坛都有一个主题，活动内容包括前沿科学家

的讲座和演示，参观工业基地、研究中心、科学机构和组织、世界一流的实验室和大学。中国科协青少年科技中心从 2003 年开始组团参加此项活动。

七、瑞典斯德哥尔摩国际青年科学研讨会

瑞典斯德哥尔摩国际青年科学研讨会是世界著名的青少年科技活动，创办于 1976 年，每年仅邀请 25 名来自不同国家的青少年，这些青少年有的是从英特尔国际科学与工程学大奖赛和欧盟青少年科学家竞赛等主要国际青少年科技竞赛活动中涌现出来的佼佼者，有的代表青年科学家组织或者由大学推荐。活动的主要目的是促进国家间的了解和加深友谊，为在自然科学领域有相同兴趣和对其他国家的文化、人民有了解欲望的青年提供交流平台。在一周的活动里，青少年将受邀出席诺贝尔奖颁奖典礼、招待会、欢庆仪式等，参加科学活动和讲座，了解瑞典的科研和文化习俗。

八、日本超级理科高中学生展示活动

日本超级理科高中学生展示活动（SSHF）从 2004 年启动，每年举办一次，是日本"超级理科高中计划"中的重要组成部分。2011 年起，中国科协青少年科技中心开始组团与美国、印度、德国、菲律宾等多个国家作为特邀海外项目参与活动。活动由特邀学术报告、海报展示、交流讨论、评委问辩、参观考察等内容构成。比赛部分采取准开放式项目评审方式，评委同时面对学生、辅导教师、其他参与展示或观摩学生来针对某一项目进行考察。重点考查学生对研究项目的来龙去脉、整体把握水平、认知程度，由此反映出学生的研究能力、学术水平、思辨水平、应变能力等。比赛奖项既有评委会评审的奖项，也有参赛、观摩学生投出的人气奖，最佳海报展示奖等。

九、丹麦青少年科学家竞赛

丹麦青少年科学家竞赛创办于 1989 年，由丹麦教育部主办、丹麦科学工厂承办，每年举办一次，是丹麦国家级青少年科技赛事。竞赛面向丹麦全体中小学生（21 岁以下），涵盖化学、环境、生物、数学、物理学、医学、工程学、生物化学、信息学等多个学科，每年 3 月会举行 5 个区域半决赛，在半决赛胜出的 100 个项目有机会进入 4 月的总决赛。丹麦派出参加国际知名的欧盟青少年科学家竞赛和美国英特尔科学与工

程大奖赛的项目都是由此竞赛产生。同时，竞赛主办方还与挪威、荷兰、欧盟、美国、中国和巴西等国家建立了双边合作机制，互派学生参加对方的国家科技赛事。我国青少年科技中心从 2006 年开始派队参加该竞赛，北京市科协每年也组队参加该项赛事。

十、卢森堡青少年科技竞赛

卢森堡青少年科技竞赛自 1971 年以来每年举办一次，由卢森堡青年科学家基金会主办和管理，卢森堡每年选派参加欧盟竞赛、伦敦论坛等国际著名科技赛事和交流活动的学生均是从该竞赛的优胜者中产生。法国、意大利、德国、南非等国受邀选派项目参加该赛事。

十一、巴西青少年科技竞赛

巴西青少年科技竞赛从 2009 年开始举办，每年举办一次，由利贝拉托基金会主办和管理。每年有来自巴西和 20 多个其他国家的约 450 项优秀青少年科技项目参赛，是南美洲最大的青少年科技赛事。该赛事涵盖动物和植物科学、细胞和分子生物学及微生物学、化学和生物化学、计算机科学、地球和天体科学及数学和物理、社会科学及艺术和行为科学、电气工程、电子工程、机械工程、材料工程、环境管理、环境科学、医药与健康等学科领域。

十二、以色列世界科学大会

由 2006 年获诺贝尔化学奖得主、美国生物学家罗杰·科恩伯格发起，以色列希伯来大学、科技部、外交部联合主办的，原定 2014 年举行，由于巴以局势推迟到 2015 年。本次大会邀请了 15 位诺贝尔奖、沃尔夫奖、菲尔兹奖等国际重要奖项得主、知名科学家，以及全球 70 多个国家和地区的 17～21 岁的学生进行交流，预计参会人数达到 400 人。以色列总统鲁文·里夫林也将出席本次大会。

十三、"F1 在学校"青少年科技挑战赛

"F1 在学校"青少年科技挑战赛于 2000 年起源于英国，是由 F1 官方和 F1 各车队赞

助，面向中学生的F1赛事。截至2014年年初，已有50个国家，20 000多所学校，约150万名学生参与了不同级别的比赛，现已成为全球最大的青少年科技竞赛活动之一。

"F1在学校"科技挑战赛由F1官方打造的中学生F1赛事，比赛赛车是轻木制作的迷你F1赛车，以二氧化碳压缩气体为动力，在20米长的赛道上竞速，是一项跨学科团队竞赛。"F1在学校"青少年科技挑战赛主要对学生开展跨学科综合素质培养，培养学生物理、数学、英语、通用技术、信息技术、美术等多个学科的知识综合运用能力。我国14所中学的24支学生车队参赛，进行了赛车设计、技术规格评测、展台设计、社会化媒体使用、现场演讲、赛道比赛等多项内容的比拼，最终决出了前三名车队代表中国参加世界总决赛。

十四、世界三大发明展

世界三大发明展包括德国纽伦堡国际发明展、美国匹兹堡国际发明展及瑞士日内瓦国际发明展。

1. 德国纽伦堡国际发明展

纽伦堡国际发明展是世界三大发明展之首，也是历史上最悠久的发明展，到2019年已举办71届，它是由IFIA世界发明者协会和AFAG展览公司联合主办。德国纽伦堡国际发明展的参赛条件为大、中、小学生的发明项目，其参展项目是自行设计或自行研发的新产品或新技术，创新实物、模型、方案均可。参展项目不存在知识产权纠纷，参展者对其参展项目是否侵犯他人知识产权负责。国内报名通道为中国国际贸易促进委员会知识产权服务中心。

2. 美国匹兹堡国际发明展

美国匹兹堡国际发明展（INPEX）的组织机构为美国InvetHelp公司，参赛条件为各企事业单位职务发明人、非职务发明人、大中小学生及学生家长和辅导老师、项目投资人、专利代理人等均可报名参展。参赛内容为各领域的新发明、新技术、新产品均可参展。参赛展品形式可以是发明实物、技术方案图片或视频。参展项目要求已申请专利或著作权，没有权属纠纷，并且需要提交专利证书或受理通知书复印件。已经参加过中国发明协会举办的发明展览会的项目，仍可以参展。参展项目一般应有实物展品展示和展板展示。国内报名通道为中国发明协会负责推荐。

3. 瑞士日内瓦国际发明博览会

瑞士日内瓦国际发明博览会的组织机构由世界知识产权组织（WIPO），它是世界著名的国际发明展览会之一，因其规模大、参展者踊跃，在国际展览界享有较高声誉，是全球最新发明产品的重要展示舞台。展会参赛条件为中小学生的发明项目。主要内容为瑞士日内瓦国际发明展。瑞士日内瓦国际发明博览会设有"日内瓦国际发明展览会金奖""世界知识产权组织（WIPO）奖"及各类专项奖。国内报名通道由中国发明协会负责组织。

十五、世界航空模型锦标赛

航空模型运动是以操纵、放飞自制或装配的模型航空器进行户外活动、训练比赛或创纪录飞行的一项科技性较强的运动。现代航空模型运动分为自由飞行、线操纵、无线电遥控、仿真和电动五大类。

世界航模锦标赛的组织机构为国际航空运动联合会，国内报名通道由中国航空运动协会负责组织参赛。

十六、全国中学生水科技发明比赛（斯德哥尔摩青少年水奖）

斯德哥尔摩青少年水奖自 1997 年开始在每年的斯德哥尔摩"世界水周"期间颁发，旨在提高青少年对水资源和环境保护方面的兴趣，被誉为"世界青少年水科技诺贝尔奖"。该奖项的获得者将会获得 5000 美元奖金、证书以及一座水晶奖杯。每年不同国家和地区将通过相关比赛选拔出最优秀的获奖学生来参与此项国际赛事。

十七、青少年机器人世界杯赛

目前共有三个全球性机器人比赛联盟，分别是以亚太地区为主的"国际奥林匹克机器人大赛"（World Robot Olympiad，WRO）、总部位于美国的"第一乐高联盟"（FIRST Lego League，FLL），与受人瞩目的青少年机器人世界杯赛。其中机器人世界杯系列活动是一项综合教育与科技的国际性活动，亦是学术成分最高的赛事。

CHAPTER 5
第 5 章

青少年科技创新竞赛之星

习近平总书记在国家勋章和国家荣誉称号颁授仪式上的讲话指出"伟大出自平凡，平凡造就伟大。只要有坚定的理想信念、不懈的奋斗精神，脚踏实地把每件平凡的事做好，一切平凡的人都可以获得不平凡的人生，一切平凡的工作都可以创造不平凡的成就。"

在青少年科技创新活动和竞赛中，涌现出日常平凡中颗颗未来之星，假以时日，他们会成为伟大之星。我们循着他们的成长足迹，看看是怎么达到的；读读他们的参赛材料，借鉴和启发自己。

专题 13　全国青少年科技创新大赛

一、中国科协主席奖获得者——陈梓睿

中国科协主席奖在全国青少年科技创新大赛青少年项目一等奖中评选产生。此奖项旨在鼓励热爱科学、敢于创新的优秀青少年，授予大赛中最具创新性、科学性和实用性的青少年项目。以往每届仅有 3 个个人项目获奖，为提升大赛国际化水平，于 2019 年第 34 届青少年科技创新大赛首次在"中国科协主席奖"增加了一个获奖名额，颁发给最优秀的国际青少年创新项目，因此有 4 个学生获此殊荣。

中国科协主席万钢为第 34 届青少年科技创新大赛最高奖项"中国科协主席奖"的 4 名获奖者颁奖，他们分别是来自华东师范大学第二附属中学的付愉、澳门培正中学的刘昭朗、中国人民大学附属中学的梁天昊和来自瑞典的 Charles Alexander Maddock。

2011 年第 26 届全国青少年科技创新大赛上，北京师范大学附属实验中学的陈梓睿同学凭借《北京城区 12 种行道树树叶固碳能力比较研究》荣获"中国科协主席奖"。陈梓睿同学从小就喜欢植物，关注身边生活，思考、解决学习生活中遇到的问题。她在初中的学习生活中，为减缓温室效应引发的气候变暖问题，希望为绿色北京城市建设贡献自己的力量，进而选择了北京城区道路两旁常见的 12 种乔木行道树作为研究对象，通过测定各种行道树落叶总碳量，对其树叶固碳能力进行比较研究，发现了城市绿化中采用毛泡桐、白蜡、椿树、英国梧桐等行道树种可以有效提高对 CO_2 的固化能力，达到美化环境并降低城市温室效应的目的，能为首都北京未来行道树的选种工作提供了一定的借鉴和参考。

陈梓睿获奖论文
（2011 年中国科协主席奖）

二、全国十佳优秀科技辅导员评选

"十佳优秀科技辅导员"评选是针对科技辅导员综合能力的评审。

1. 申报条件

（1）热爱青少年科技教育事业，对青少年科技教育有正确的理念和认识。

（2）从事科技辅导员或相关工作满 5 年以上，具备较高的科技教育理论水平和丰富的组织开展青少年科技活动的经验并取得优异成绩。

（3）须有科技教育创新成果竞赛项目参加本次大赛，且在历届大赛中未获得过"十佳优秀科技辅导员"奖项。

（4）须有作为区县级以上青少年科技辅导员培训活动主讲教师的经历。

2. 申报过程

（1）科技辅导员在申报科技教育创新成果竞赛项目的同时，可自愿申请参加"十佳优秀科技辅导员"评选。

（2）申报者须在申报书中如实填写本人简历、获得过的奖励、发表的论文或著作和作为主讲教师参与科技辅导员培训工作等个人事迹。

（3）申报者所在单位应审查申报书中所填内容，确认申报者填写的个人事迹内容是否属实、是否同意推荐其参加"十佳优秀科技辅导员"评选活动，并加盖公章。

3. 申报材料

申报者须将申报书中所填本人获得过的奖励、发表的论文或著作、参与科技辅导员培训工作等个人事迹的获奖证书、发表论文、培训邀请函、会议手册等证明材料的复印件带至终评现场。

4. 评选程序

在科技教育创新成果竞赛项目成绩的基础上，结合科技辅导员的工作业绩、现场问辩、综合素质测评等进行综合评分。其中科技辅导员竞赛项目的成绩必须是二等奖以上，素质测评必须及格以上的科技辅导员才能进入十佳优秀科技辅导员评选中。

5. 表彰和奖励

"十佳优秀科技辅导员"评出 10 名优秀科技辅导员，由主办单位进行表彰，颁发证书和奖金。

6. 全国十佳优秀科技辅导员获得者——陈宏程

北京市育才学校陈宏程老师，因在科技创新领域的突出成绩，在 2014 年第 29 届全国青少年科技创新大赛上获全国十佳优秀科技辅导员称号。他还先后获得全国优秀自然科学辅导教师十佳、北京市十佳科技教师、北京市西城区十大科普之星称号，当选北京市青少年科技教育协会理事、北京市科技促教育促进会理事、北京市动物学会理事、人教版教材编写、培训专家组成员、教育部、科技部《科学探索项目组》成员、中国青少年科技辅导员协会科技辅导员培训专家团成员。

2013 年，北京市教委、北京市科协、北京市科委和北京科技教育促进会给陈宏程老师颁发了北京市青少年科技教育突出贡献奖。

陈宏程十佳辅导
员申报信息

三、十佳优秀科技实践活动

申报的科技实践活动应是青少年以团体（如小组、班级、社团、年级、学校、校外教育机构等）名义，在课外活动、研究性学习或社会实践活动中围绕某一科技主题开展的具有一定科普教育意义的集体活动。

在校中小学生（包括普通中小学、特殊教育学校、中等职业学校等）均可以团体名义将参与或组织的科技实践活动进行申报。参加全国比赛的活动由省级竞赛的获奖活动中按规定名额择优推荐申请。

对于以学校或校外教育机构名义申报的活动，参加活动的学生应占在校学生总数或本地区学生总数的 30% 以上。

奖项分为一、二、三等奖和"十佳优秀科技实践活动"奖，等级奖获奖比例约为一等奖 15%，二等奖 35%，三等奖 50%，并颁发获奖证书。"十佳优秀科技实践活动"奖在一等奖中择优评出。

种植蔬菜五谷
体验农事科学

广渠门中学金
鹏科技团

四、十佳科技教育创新学校

科技教育创新学校奖（school of distinction award）由英特尔公司在美国设立，奖励在科学和数学教育方面有出色成绩的美国中小学校。为引进全球优质教育资源，完善创新人才培养环境，自 2010 年开始，英特尔（中国）有限公司与全国青少年科技创新大赛组委会合作开展"十佳科技教育创新学校"评选活动，每年选拔和奖励 10 所在科学教育中有出色成绩的中小学校，并在全国青少年科技创新大赛终评期间颁奖。获得创新大赛"十佳科技教育创新学校奖"。除获得奖金奖励外，还将获得由全国青少年科技创新大赛组委会提供的科技教育培训、教师交流和科普活动观摩等机会。

评选活动组织科学，程序严格。通常经过省市科协推荐申报、初评、下校考察终评、大赛展示及校长论坛等环节。

（一）学校申报

学校通常由各省市科协选拔后进行推荐，被推荐校自行完成网络申报工作，申报内容包括学校概况、以往成绩（学校获奖、师生获奖）、学校科技教育成果与措施、科技教育保障、科技教师队伍专业化发展，科技课程、资金投入与基础设施建设和学校领导力，申报书需包含以上内容，还可根据学校科技教育特点另行添加。与申报书一同完成的还有"竞赛成绩及科技课程、科技活动统计表"（见表5-1～表5-4），网络申报可以根据学校教育的特点提交三份支撑文件，通常是课程、活动、教育的方案、实施的效果以及成果，来证实申报书中提到的教育环节与内容。

表 5-1　近 3 年学校科技竞赛获奖成绩（学生）

序号	奖项级别（国际、国家级、省级、市级）	获奖时间（年月）	竞赛名称	设奖单位	奖项	获奖人姓名	获奖作品名称
1							

表 5-2　近 3 年学校科技竞赛获奖成绩（教师）

序号	奖项级别（国际、国家级、省级、市级）	获奖时间（年月）	竞赛名称	设奖单位	奖项	获奖人姓名	获奖作品名称
1							

表 5-3　学校科技课程和校本课程

序号	课程名称	授课教师	课程分类	课时	上课地点	开设年级	上课人数	考核方式
1								

表 5-4　学校科技活动

序号	活动名称	举办周期	活动时间	活动地点	专家	参与年级	活动负责人
1							

申报工作全部在网络上完成，确认申报信息后，在线打印申报书，按要求签字（申报书每一页均需申报者签字）、盖章。扫描申报书并在网页上传，确认完成申报。申报内容均不需向全国大赛组委会秘书处邮寄申报书和项目材料。

（二）入校考察终评

专家对近百所由小学的申报材料进行初评、复评后进行入校考察环节。

入校考察环节由大赛组委会（中国科协青少年科技中心）委托中国青少年科技辅导员协会组织专家团进行入校考察，考察时间为半天，通常情况下由两位评委专家和三、四位所在省市科协工作者共同参与评选。

1. 入校考察流程

（1）学校领导与专家座谈，介绍学校情况、学校的科学教育理念以及落实科学教育理念的相关措施等。

（2）学校科技教师、科技活动辅导员与专家座谈，介绍科技课程和课外校外科技活动的具体组织情况。

（3）学校学生与专家座谈。

（4）专家查阅学校科技课程材料，了解学校获奖情况、考察科技教育资源。

2. 申报学校的准备工作

（1）安排 6~8 名相关科技课程的任课教师或负责科技活动组织的科技辅导员、6~8 名学生（须含申报材料中提到的获奖学生）参与座谈。

（2）准备科技教育类校本课程或课外活动课程设置的文件及相关教材；全校科学技术课程的目录和科技教师的名单，一年内参加科技课程的学生名单、成绩单，科技课程的学生作品等。

（3）创新大赛申报材料中所列出的 3 年内全国或更高级奖项的证明（包括教师、学生的证书或奖杯等）。

（4）参与座谈的教师准备近 3 年本人所讲授的科学与技术教育校本课程或课外活动的教学文件，如课程计划、教材讲义（教案或演示文稿）、选课学生名单、学生作品（作业）或成绩单等。

3. 入校考察经验分享

（1）校长进行科技教育汇报时，专家老师会边听边查看学校科技教育的相关课程、成果材料，对于学生的学习成果较为重视，感兴趣的内容会与教师现场交流，学校应做好充足的准备，尤其是相关活动后学生优秀作品的文章应主动提供给专家，以便查阅、交流。

（2）教师座谈与学生座谈会分别进行，教师座谈会结合最新的教育理念围绕学校内开展的科技类课程实施情况进行交流，着重了解优秀的科技课程与活动是如何开展并且辐射引领周边学校；学生座谈会对学校开展的各类科技课程效果进行交流，对学生专长领域的学习情况进行了解。

（3）座谈后参观校区环节主要是引导专家充分了解学校的硬件设施设备，校园文化布置，申报学校应设计好参观路线，有相关教师应进行详细地介绍和讲解。

科技名校遍京华

昔日马背摇篮
今日创新之星

专题 14 "明天小小科学家"奖励活动称号获得者——姜江

"明天小小科学家"奖励活动（http://mingtian.xiaoxiaotong.org/index.aspx）是 2000 年开始由中国科协等单位举办的一项面向高中生开展的科技创新后备人才选拔和培养活动，旨在发现具有科研潜质的优秀学生，鼓励他们选择学习科学技术专业、未来投身科学研究事业。"明天小小科学家"称号是本活动设置的最高奖项，来自于 15 名一等奖获得者，每届有 3 名学生获此殊荣。

在 2011 年第十一届"明天小小科学家"奖励活动终评展示活动中，北京师范大学附属实验中学的姜江同学表现优异，喜获"一等奖"，并获"明天小小科学家"荣誉称号。在她的辅导教师刚永运看来，姜江同学是一个阳光、乐观、真诚，对生活充满热情的女生，她机灵聪明，上课爱提问，敢于质疑，课下常问一些有难度的问题。她比较懂事，懂得感恩，逢年过节时总会收到她的节日祝福短信。升入本校高中后，她的兴趣涉猎更广，课余活动特别多，身兼班长、学生会副主席、电视台台长和辩论社副社长等职，在校艺术节上跳街舞，主持校合唱节，设计制作数十期校会节目、宣传片，还参加了北京市十校联合辩论赛等。她所组织参与的各项活动从创意到实施再到与学校协商，期间要忍受住单调和孤独，还要有坚强的毅力和面对困难时不退缩的精神以及事无巨细的耐心。经过锻炼，她做起事来踏实可靠，师生评价其综合素质高。她学习成绩优异，稳居年级前列，此外，还利用课余时间到高校实验室开展《再生水经紫外线消毒后病原菌复活特性及分子机制研究》课题研究，实施课题研究期间，她态度科学严谨，实验一丝不苟，经常主动向老师汇报课题研究进展，具有成为有创造

明天小小科学家
终评答辩

性科研工作者的潜力。

在"明天小小科学家"终评活动中，她积极主动向专家评委介绍自己的研究课题，言语热情清晰富有逻辑，很好地展示出了自身的综合素质，最终成为"明天小小科学家"称号的获得者，获得 50 000 元奖金和北京大学的保送资格，目前她已本科毕业并在清华大学攻读研究生。

专题 15　ISEF 一等奖获得者——万若萌

英特尔国际科学与工程大奖赛（简称 ISEF）是世界上最大规模、最高等级、最有影响的面向中学生（初三至高三）的科学竞赛活动，被誉为全球青少年科学竞赛活动的"世界杯"。中国自 2000 年开始组队参加，由中国科协从全国青少年创新科技大赛、中学生英才计划、"明天小小科学家"奖励活动等国内顶尖赛事与项目中选拔出优秀学生代表中国参赛。

在 2014 年美国洛杉矶举行的第 65 届英特尔国际科学与工程大奖赛（Intel ISEF）上，北京师范大学附属实验中学的万若萌同学凭借《为什么陆生植物不含高效吸收绿光的光合色素——从自然选择的角度探究含藻红蛋白的藻类未能进化为陆生植物的原因》荣获一等奖。万若萌同学从小是个"植物迷"，爱刨根问底，她从追溯植物的进化过程开始，一直深入到探求藻类登陆时的奥秘，她的这项研究主要回答了为什么植物进化成为绿色，而不是更高效的黑色？她搭建了一个研究藻类进化过程的装置，这项研究可用于太阳能电池制造工艺的改进，以便提高效率。她还荣获了 2013 年第十三届全国"明天小小科学家"荣誉称号和 2014 年第十二届北京市青少年科技创新市长奖。

1. 参赛作品

作品名称：为什么陆生植物不含高效吸收绿光的光合色素——从自然选择的角度探究含藻红蛋白的藻类未能进化为陆生植物的原因。

2. 中文摘要

植物为什么进化为绿色而非能吸收更多能量的黑色至今是一个谜。这个问题可以从海洋藻类向陆生植物进化过程中发生的自然选择的角度来探究。海洋中，红藻等许多藻类含有高效吸收绿光的光合色素——藻红蛋白。然而只有不含这种色素的绿藻成功进化为陆生植物。陆地上的光环境中绿光辐照度最大，因此植物大量吸收该波段的光可能会受到严重的光抑制，导致光合速率降低。这或许是陆生植物对绿光吸收率低的原因之一。为了检验上述假说，本实验通过混合单色光模拟了陆地上的光环境。在其他条件不变的情况下，改变绿光的光强，发现当红藻对绿光的吸收率超出一定值时，其光合速率明显降低。并且红藻对绿光的最佳吸收率（红藻光合速率最大）恰与绿藻对绿光的吸收率相近。该现象表明陆生植物不含高效吸收绿光的色素的确与减少陆上高强度绿光造成的抑制有关。

3. 获奖分析

以上是一个原创性揭示色素在植物进化机理的研究，从问题的提出、假说的建立到模拟实验的设计、成果的提炼都显示出万若萌科研潜质。当然学生本身的综合素质、指导教师和专家团队（北京大学教授）的专业辅导也为获奖提供了保证。

作为奖励，万若萌的名字将用于命名一颗小行星。获奖之后，当时高三的万若萌希望出国深造。她共申请了10所国外大学，有5所大学决定录取她，分别是著名的哥伦比亚大学、宾夕法尼亚大学、杜克大学、加州理工学院和韦尔斯利学院。最终，她决定去读加州理工学院——这所每年全球只招187名学生，在中国只招5人的学校，与著名科学家钱学森成为校友。

万若萌获奖论文
（ISEF 一等奖）

专题 16　DI 世界冠军——北京市八一学校

DI 挑战题都是任务清楚，规则明确的，考查学生创新思维能力、科学素养、技术与艺术综合能力的挑战题。所以想要获得好成绩，必须在以上项目获得突破。本文以 2017 年获得 DI 挑战 A 成绩的团队为例来介绍 DI 的训练与制作。下面先来看看挑战题目的要求（见表 5-5）。

表 5-5　2017 年 DI 挑战赛评分方法

要　素	分　数	章　节
中心挑战	最高 240 分	A
1. 秀	最高 50 分	A.2
a. 开场剧幕的整体创意及舞台效果	最高 20 分	A.2.c.i
b. 重点情节剧幕的整体创意及舞台效果	最高 30 分	A.2.c.ii

续表

要 素		分 数	章 节
中心挑战		最高 240 分	A
2. 舞台		最高 90	A.3
	a. 舞台利用技术性方法移动了至少一位队员	0 或 20 分	A.3.g.i
	b. 用来移动至少一位队员的方法的技术性创新	最高 25 分	A.3.g.ii
	c. 用来移动至少一位队员的方法的技术性设计	最高 25 分	A.3.g.iii
	d. 队员被移动与开场剧幕和/或重点情节剧幕的结合度	最高 20 分	A.3.g.iv
3. 开场技术效果		最高 40 分	A.4
	a. 开场技术效果完成	0 或 10 分	A.4.e.i
	b. 开场技术效果的技术性创新	最高 10 分	A.4.e.ii
	c. 开场技术效果的技术性设计	最高 10 分	A.4.e.iii
	d. 将开场技术效果溶入开场剧幕的有效程度	最高 10 分	A.4.e.iv
4. 重点情节技术效果		最高 60 分	A.5
	a. 重点情节技术效果完成	0 或 10 分	A.5.f.i
	b. 重点情节技术效果的技术性创新	最高 20 分	A.5.f.ii
	c. 重点情节技术效果的技术性设计	最高 20 分	A.5.f.iii
	d. 将重点情节技术效果溶入重点情节剧幕的有效程度	最高 10 分	A.5.f.iv
参赛队自选项目		最高 60 分	B
1. 参赛队自选项目 1		最高 30 分	B.3
	a. 创意和原创性	最高 10 分	B.3
	b. 可见的质量、工艺和/或成果	最高 10 分	B.3
	c. 与表演的融合度	最高 10 分	B.3
2. 参赛队自选项目 2		最高 30 分	B.3
	a. 创意和原创性	最高 10 分	B.3
	b. 可见的质量、工艺和/或成果	最高 10 分	B.3
	c. 与表演的融合度	最高 10 分	B.3

一、任务分配与解决方案

　　本题要求设计制作一个移动的舞台；编排开场剧目和重点情节剧目；用技术性方法增强开场剧目和重点情节剧的目的效果。题目要求非常明确，限定条件很少，学生们可以充分发挥自己的想象力和创造力。解决此问题的道路通常有两条，第一条是先编写剧本，根据剧情需要设计舞台，设计开场及重点情节技术装置；第二条是先设计舞台和装置，根据舞台、装置编写剧本。我们的学生选择了第一条路径，先商量剧情和场景。

在剧情方面，我们的学生思想深受中国教育特色影响，所以一开始就把主题定为环保。接下来就是利用发散与收敛的思维方式确定故事的时间、地点、人物、事件。这些内容元素还是比较好确定，毕竟故事编出来，表演精彩才是重点，不能因为细节而停滞，但是在排练过程中可以不断优化细节。于是学生们很快确定了以保护海洋环境为主题的故事。故事发生在海边，移动的舞台就定为"小船"，有小船就要有海浪，所以设计制作海浪模拟机作为开场剧目技术效果。开场是渔夫不注重保护环境，污染海洋，随着故事的发展，渔夫被海洋生物抓到海底，为保证渔夫在海底能生存，还特别设计了大"扇贝"吐泡泡来提供氧气，作为重点剧目技术效果。在排练过程中，依据学生个性特点确定开场秀为划船动作和演唱自己编写的打渔歌，重点剧目秀为口技。至此，题目要求的项目都已经确定了，自选项目要随着训练的推进去发现学生们制作道具的技术性设计和创新来确定。在排练中确定自选项目一是海洋生物的服装，二是扇贝吐泡泡的泡泡机。

所有评分项目都确定后，还需要搞清楚如何获得较高的分数。既然本题是技术类题目，技术含量和技术创新必须做好。表5-6为本次题目的任务划分和解决方案。任务分配后学生们开始分头行动，设计与制作是一个漫长的过程，要经历无数次的尝试与优化。

表5-6　2017 DI技术类挑战：秀与技术任务及解决方案

任　　务	方　　案
设计制作一个移动的舞台并能移动队员	跷跷板形式靠重力移动的船
故事表演开场秀	设计划船动作与自编的打渔歌
重点剧幕秀	口技：鸡鸣狗叫
利用技术性方法提升开场秀效果	模拟海浪机
利用技术性方法提升重点剧幕秀的效果	可实现张合、发光、吐泡泡的"扇贝"
自选项目1	泡泡机
自选项目2	章鱼、海豚的服装

二、实施过程重点道具介绍

1. 移动的舞台——小船

图5-1和图5-2为参赛团队设计制作的移动舞台道具小船。

图 5-1 移动舞台——小船 1   图 5-2 移动舞台——小船 2

　　小船在陆地上移动需要借助轮子，而且轮子必须遮挡；小船在水上会摇摆晃动，所以我们设计的小船应晃晃悠悠的就能移动，因舞台表演需要，小船不能只单向移动，所以又加装了换挡机构，可以改变小船的行进方向。小船移动不需要电能，不需要风能，只需要船上的"渔夫"晃动，因此，这个"移动的舞台"获得了较高分数。虽然图 5-2 的船更精美，而且是曾参加市赛、国赛设计的道具船，但是由于个头比较大，要带到美国全球赛赛场有些困难，需要花费额外的运费，所以，在备战全球赛时我们重新制作了一个相对较小，而且零件都可以拆下来装到行李箱里的道具船。虽然美观性比原来的差一些，但是并没有影响我们拿冠军。

2. 开场秀道具——造浪机

　　开场秀需要有海浪效果，现场没有水，我们只能模拟海浪，于是设计制作了可以带动布上下震动的机器——造浪机（见图 5-3），可以用巨型布营造出海浪的效果。

　　图 5-4 为团队在市赛国赛用的造浪机。机器的框架结构及每个传动零件都经过精心设计。最初模拟海水用的布料是丝绸。选用丝绸做道具海浪是学生们的直觉，认为丝绸轻、软，但是起浪效果不好，尝试了多种改装实验方法后把丝绸换成了棉布，起浪效果立刻好了很多。所以，参与 DI 活动能培养学生的综合能力，也能使学生对科学知识有深入的理解及现实的应用。DI 全球赛上用的造浪机则小巧很多，而且此设备带动棉布的震动方程就是正弦曲线，起浪效果更好。

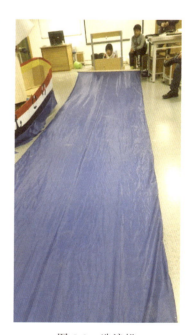

图 5-3 造浪机

图 5-4　比赛时控制造浪

3. 剧目秀道具——砗磲

渔夫因为污染海洋环境激怒了海洋生物,被海洋生物抓到海底关押在"人缸"(人用鱼缸养鱼,鱼用"人缸"养人)中。砗磲(见图 5-5)可以控制"人缸"的开合,亮灯表示珍珠,吐泡泡则为人提供氧气保证生存。

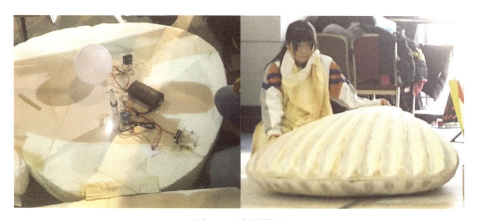

图 5-5　砗磲装置

4. 自选项目道具 1——泡泡机

泡泡机由无色亚克力板制作。道具制作中对砗磲的技术要求是合理控制转速和风量,但说起来容易做起来难,而且在全球赛赛场上,不能让它吐太多泡泡,以免有脏污场地之嫌。因此,只要控制好泡泡机的转速,这个道具的原创性、工艺质量及与表演的融合度就是毋庸置疑的。

5. 自选项目道具 2——章鱼服装

章鱼服装是本次比赛所有道具中技术含量较低的道具,不过学生们已经做得很好,如图 5-6 所示。

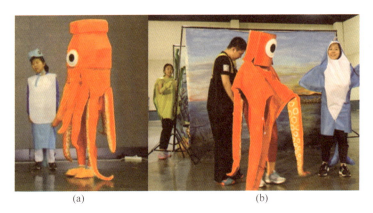

(a)   (b)

图 5-6　章鱼服装

图 5-6（a）是市赛、国赛用的服装，（b）是全球赛的服装。为什么看起来市赛、国赛的服装比全球赛的服装好看呢？因为运输问题，市赛的章鱼服装无法折叠，所以全球赛时只带了服装的外壳。

表 5-7 是团队挑战题的得分，从得分表可以看出自选项目的分数稍低一些。

表 5-7　专家评分结果

PRELIMINARY!   -data entry not double checked-   PRELIMINARY!

(185-74797)Beijing Bayi School   Team Report

Bayi A

ML/A: Show & Tech   Time scores given to team: _S·41 Thurs._

	Max	Score
1. Show	N/A	
1a. Overall creativity and Theatrical Effect of the Opening Act	20.0	11.55
1b. Overall creativity and Theatrical Effect of the Headlining Act	30.0	16.33
1. Show	50.0	27.88
Show Deductions	N/A	0.00
Show minus Deductions	N/A	27.88
2. Stage	N/A	
2a. The Stage moving at least 1 team member using Technical Methods	20.0	20.00
2b. Technical Innovation of the methods used to move at least 1 team member	25.0	19.44
2c. Technical Design of the methods used to move at least 1 team member	25.0	21.11
2d. Integration of the movement of the team member(s) into the Opening Act and/or the Headlinin	20.0	14.89
2. Stage	90.0	75.44
Stage Deductions	N/A	0.00
Stage minus Deductions	N/A	75.44

续表

3. Opening Tech Effect	N/A	
3a. Completion of the Opening Tech Effect	10.0	10.00
3b. Technical Innovation of the Opening Tech Effect	10.0	7.67
3c. Technical Design of the Opening Tech Effect	10.0	8.11
3d. Integration of the Opening Tech Effect into the Opening Act	10.0	6.78
3. Opening Tech Effect	40.0	32.56
Opening Tech Effect Deductions	N/A	0.00
Opening Tech Effect minus Deductions	N/A	32.56
4. Headlining Tech Effect	N/A	
4a. Completion of the Headlining Tech Effect	10.0	10.00
4b. Technical Innovation of the Headlining Tech Effect	20.0	16.67
4c. Technical Design of the Headlining Tech Effect	20.0	17.78
4d. Integration of the Headlining Tech Effect into the Headlining Act	10.0	6.78
4. Headlining Tech Effect	60.0	51.23
Headlining Tech Effect Deductions	N/A	0.00
Headlining Tech Effect minus Deductions	N/A	51.23
CE1. Team Choice Element 1	N/A	
CE1a. Creativity and originality	10.0	5.11
CE1b. Quality, workmanship or effort that is evident	10.0	4.67
CE1c. Integration into the Presentation	10.0	5.11
CE1. Team Choice Element 1	30.0	14.89
CE2. Team Choice Element 2	N/A	
CE2a. Creativity and originality	10.0	4.67
CE2b. Quality, workmanship or effort that is evident	10.0	5.67
CE2c. Integration into the Presentation	10.0	5.22
CE2. Team Choice Element 2	30.0	15.56

Destination Imagination Scoring Program 2017 (Release)-20170211   5/25/17 5:15 PM

DI 创新思维展示

专题 17 市长奖获得者——谢竞宁

北京市育英学校高二学生谢竞宁荣获 2018 年第十七届"北京青少年科技创新市长奖"。北京市育英学校是一所涵盖小学、初中、高中的九年一贯、十二年一体的学校，是一所与新中国一起成长起来的学校。建校七十年来，学校始终坚持党的教育方针，坚守立德树人的价值观；以"弘扬我国优秀传统文化和红色文化"为主旨，积极建设学校文化，发挥学校文化的浸润、熏染作用，并使之成为师生成长发展的"精神之钙"。学校以"行为规范、热爱学习、阳光大气、关心社稷、勇于担当"为培养目标，尽全力帮助学生追寻属于未来的自己。谢竞宁就是在这样一所学校学习生活了十一年，育英精神深深影响着她，让她拥有了乐观、自信的心态和科研报国的远大志向。她刻苦执着，喜欢接受挑战，从初中开始，在科技创新方面就显现出浓厚的兴趣，表现出很强的动手实践能力和钻研精神。

此次研究《一种提高有机朗肯循环系统效率的新方法》取得的成绩，源于谢竞宁多年对科技的热爱、执着的追求及钻研的毅力。这个项目缘于一次差点儿发生的交通事故。有一年谢竞宁和她的父母过年回老家路过一个食品厂时，一辆汽车扎进白色的烟雾中，险些出了车祸。后来她了解到，"白色烟雾"是蛋白加工过程中产生的乳清废热水，食品厂老板知道有机朗肯循环可以回收低温余热，但因为回收设备成本高、效率低，因此不愿意回收。在回的京路上，谢竞宁看到附近的油田和工厂一个个冒着烟雾的烟筒，联想到能源危机、环境污染压力等方面的报道，而现在这么多企业常年大量对空排放废热，既浪费能源又污染环境，同时还影响交通。谢竞宁想起读初二时教师在物理课上讲空调原理时说到过卡诺循环，也了解到有机朗肯循环可以利用低温余热回收发电，而现在这么多的余热没有回收，是因为成本和效率问题，所以研究用于低温余热回收发电的有机朗肯循环系统，寻找提高系统效率的方法和途径，使企业有动力去回收低温余热，让天空更蓝，环境更美好，对国家和社会都是很有意义的事情。

有了这样的想法，谢竞宁开始调研，经过资料检索与企业调研、了解国内外技术现状、学习基本原理，发现有机朗肯循环系统太难了，涉及热力学、结构、电磁、控制等多个领域的知识体系，无从下手，但随着学习的深入、知识面的提高，她开始喜欢上这个博大精深的领域。从满脑子里的为什么，到一点点发现问题，再到最后提出解决思路，她在教师的指导下，完成了查新和专利检索，编写专利并获得授权，这个过程让她享受其中，享受获得知识、经验与成长的快乐。

获得市长奖的她没有止步于此，她继续深入研究《一种高效低温余热发电设备》，在学校的大力支持与帮助下，她不断修改方案、完善与更迭换代，在不断的挑战下，坚持完成了一次次的变革，形成了最终的合理化方案。并参加了全国第34届青少年科技创新大赛，在终评期间，谢竞宁带着她一贯的稳重，经过重重选拔，顺利通过评委会专家问辩测评，最终脱颖而出，荣获全国青少年科技创新项目一等奖，同时还荣获了高士其科普奖。她在领奖台上高高举起校旗，让更多人认识了她热爱的母校，为校争光。

荣誉的取得源于谢竞宁对科技探究的执着、坚持不懈的毅力，以及严谨的科学态度，让她先后荣获了宋庆龄青少年科技大赛二等奖、明天小小科学家奖励活动二等奖、北京市青少年科技创新市长奖、科技创新大赛一等奖等优异成绩（见图 5-7 和图 5-8），相信乐于探究、享受成长的她，一定会在科技的道路上走得更远！

图 5-7　谢竞宁荣获第 18 届"明天小小科学家"奖励活动二等奖

图 5-8　谢竞宁荣获第 34 届全国青少年科技创新大赛一等奖

专题 18 　世界机器人冠军——北京市八一学校机器人社团

2018—2019 赛季对于北京市八一学校机器人社团来说是一个不平凡的赛季，该赛季的北京市八一学校机器人社团参与了多场级别不等的机器人竞赛，从区级至全球级均有优异成绩斩获，其中最突出的成绩当属在世锦赛 VEX 项目上取得的成绩。

美国东部时间 2019 年 4 月 30 日，VEX 机器人世界锦标赛在美国肯塔基州路易维尔市圆满落幕。本届世锦赛参赛级别覆盖小学、初中、高中、大学等各年龄段，美国加州大学伯克利分校、南加州大学、德州农工大学等国际著名高等学府均有参加。经过层层选拔后，全球 40 多个国家的 1600 余支队伍的精英选手济济一堂，参与各项目的激烈角逐。而此次大赛入围的中国队伍数量达到 131 支，展现出了我国在科技教育上的决心与实力。

本次 VEX 比赛题目是"攻城易帜"，在有金属和塑料板围栏的 12×12 泡沫垫上进行。共有 8 个碟盖通过放置在泡沫垫上低得分，或放置在场地周围的 6 根挂杆上高得分。场上还有 9 支转旗，包括 3 支可直接被机器人接触切换的低转旗及 6 支只能被弹球撞击切换的高转旗。参赛队可在赛局结束时通过在己方联队平台上达成联队停泊，或在双方联队都能使用的中央平台上达成中央停泊来得分。

经过激烈的角逐，最终，北京市八一学校勇夺 VEX 项目高中组世界总冠军。

专题 19 　环球自然日探索大使——王祺和李明翰

一、环球自然日第一组合

从 2013 年开始，王祺和李明翰一共以组合形式参加了 6 次全国赛，获 2013 年表演二等奖、2014 年展览一等奖、2015 年表演一等奖、2017 年表演一等奖、2018 年展览一等奖、2019 年展览一等奖。

二、王祺的环球自然日六年

我叫王祺，今年 14 岁，上八年级。环球自然日的比赛，我参加了 6 次，每次都闯进了全球总决赛，获得了一个二等奖、三个一等奖的好成绩。然而，成绩并不重要，重要的是乐在其中的参与历程。下面，我就来说说这快乐的过程。

四年前，我还在上三年级。一个偶然的机会，我认识了陈老师——育才学校的科技生物老师。没想到，我的环球自然日之旅就跟随着陈老师拉开了帷幕。

2014年环球自然日的主题是"适者生存——应变、不变与可持续发展"，当时三年级的我和二年级的李明翰都不懂如何参加这一活动，陈老师就为我们指定了主题：蜜蜂。我们俩收到任务后，开始阅读关于蜜蜂的书籍，当然都是故事类的，科普类的都是家长读的。那年"五一"我们专门去了养蜂场参观，收获了许多知识、经验与体会。家长们还为我们编写了剧本，一大段一大段的台词。我们经过一两个月的紧张排练，5月18日，双腿发抖的我们走进了区比赛场。表演后我们回答了几个问题，最后评委让我们删减台词。我们听取专家建议删减台词还加了一段歌舞。一个月后，我们站上了市赛的舞台。这次却遇到了个大麻烦，李明翰的麦克表演中途掉线了！麦克还缠住了她的衣服迟迟取不下来。工作人员见状赶紧把麦克取了下来，所以每次她说话都扯着嗓子喊，歌舞部分也由我来主唱，就这样，我们完成了第二次比赛。几天后，我们迎来一个惊喜——我们入围了晋级队伍！下一站我们要到重庆比赛。但从6月到7月我们却没怎么排练，期末考试就要来了！放假后，我们一起排练了好几天，7月20日左右，我们到了重庆。比赛前一夜，我们做表演布景展到很晚，但我们依然很兴奋！第二天的演出很顺利，但评委说我们的展板没有利用好，有些多余，所以，我们得到了二等奖。

这是第一次参加环球自然日，感觉有点懵，不过我很喜欢这个活动，不知道为什么特别想继续参加，于是就有了2015年的那些大事件。

2015年寒假，我和李明翰成功申请到环球自然日组织的新西兰科学探索之旅的机会。这次探索之旅，让我经历了人生中很多个"第一次"——第一次出国，第一次游学，第一次单飞，第一次在离家那么远的地方过春节和过生日……所以十分难忘！在那里我们参观了许多地方，长了见识。一天清晨，我和李明翰去酒店旁的海滩，坐在秋千上享受生活，心情很好。所以，感谢环球自然日的这个大"礼包"！

几个月后，我们再次决定参加比赛。这次的年度主题是自然界大事件。恐龙灭绝？雾霾出现？我们立刻想到了这两个老掉牙的题目。为什么说老掉牙呢？因为全球总决赛展厅里一半都是关于恐龙、雾霾的节目。不过姜还是老的辣！陈老师又一次帮我们选定了主题——马铃薯，也就是土豆！我们都惊呆了，一个土豆有什么好研究的！阅读了一些书籍后，才发现，土豆确实有可研究价值，于是我们确定了题目——

传奇马铃薯，世界粮食大救星，正好应和 2015 年 1 月中国政府推出的马铃薯主粮化战略。上次是表演，于是我们这次决定尝试展览。我们要制作展板，设计语言，准备问答，这不比表演轻松。我们闯过了市赛，又进入了总决赛，决赛地点在山东济南。我还记得那天下午比赛，评委根本没让我们陈述，一上来就问问题，我们就把准备的内容说了，又说了些有联系的内容，还给评委品尝了我们做的马铃薯主食。赛后的感觉棒极了！果不其然，我们得了一等奖，我们更爱这个活动了！

2016 年，我们坚决继续参加比赛，这次的主题是"谁是谁的谁——自然界里的那些关系"，这个主题让我们摸不着头脑。经过一系列的讨论，我们决定以茶叶作为研究对象，仍以表演的形式参赛。这次表演我们熟练多了，2 个人 8 分钟内分饰了 9 个角色，全方位阐述了茶与自然的关系、茶与微生物的关系、茶与人的关系……我们再次一路杀进总决赛（上海），又得了一等奖。紧接着，老师告诉我们，我们获得了优秀节目展演的资格，本来我们后两天已经安排去迪士尼玩的行程不得不取消，留下了些许遗憾！

2017 年，我们依然参加比赛，这次的主题是"物质世界的真相——大小、尺寸与规模"。我们经过提议、讨论、查资料定下了主题——圆蛛与捕鸟蛛的故事。我们依然选择了表演并且毫无压力地又闯进了总决赛。这次又回到了重庆。我们还发了朋友圈"我们又来了！"三年前我们是萌萌的小蜜蜂，现在我们靠的是演技！令人惊喜的是，这次我们又获得了展演的机会，这次可要抓住这个机会。于是我们又穿上了在东北都嫌热的蜘蛛服，一头汗水地为大家表演。能展演，成绩肯定不会差，果然，是一等奖！

以上是我参加比赛的回忆。再来说说体会。第一，最明显的是我们都变得更自信了，从第一次两腿发抖，到最后心跳都不会加快，已有天翻地覆的改变。第二，它给我留下了无限美好的回忆，尤其是在看展演、逛小店时的感觉很轻松。第三，扩大知识面，练习了写作能力和审美观。看书时会了解很多知识，编剧本和设计展板时可以练习写作和审美观。参加这个活动还有许多好处，这里不能一一尽述，如果你想知道，也去参加一次吧！全力以赴，你一定不会后悔！

三、环球自然日活动促我成长

我叫李明翰，从 2014 年二年级开始至今，我和搭档王祺一共参加过六届环球自然日青少年自然科学知识挑战活动，有很多收获和感受。下面我就给大家介绍一下我们四年的参赛历程。

2014 年，我们的选题是蜜蜂。确定选题之后，家长们给我们买了很多关于蜜蜂的书，有《蜜蜂保卫战》《蜜蜂传奇》《蜜蜂王国的奥秘》《花园里的秘密——蜜蜂》《食物链中的秘密——如果世界上没有蜜蜂》《蜜蜂的生活》《蜜蜂的故事》《蜜蜂打仗了》等，都很好看。之后我们利用五一假期专门去蜂农家近距离观察蜜蜂。我们头戴网罩来到蜂箱前，看到了蜂巢是六边形的，六边形结构既稳定，又节省空间。蜜蜂分为三类：第一种是蜂王，整个蜂箱中只有一只，她是蜜蜂家族的妈妈；第二种是雄蜂，是家族中最好吃懒做的蜜蜂，又胖又大，不会飞，也没有尾刺，只能靠吃其他蜜蜂采来的花粉和花蜜生活，每到冬天和母蜂交配，等母蜂生完宝宝，雄蜂就会死去；第三种是工蜂，不是男的"公"，是"工人的工"。工蜂就是我们常见的蜜蜂，是发育不完全的母蜂，体型最小，最勤劳，蜜蜂家族的工作，采蜜、盖蜂巢、养育宝宝、打扫卫生等都靠工蜂完成。观察之后，我们还亲手把蜂巢里积攒的蜜摇到盆里，然后舀出一些兑水喝，可甜了！蜂巢是蜜蜂用分泌的蜂蜡做成的，我们把蜂巢放到嘴里嚼，像吃口香糖一样。此外，我爷爷在福建老家也养了蜜蜂，我给爷爷打电话，继续了解相关知识。我家窗台上种了好多花朵蔬菜，蜜蜂飞来帮助传粉，我亲眼看到很多次。之后我们把学习到的知识融入剧本《蜜蜂——大自然的守护者》里。剧本分为三幕：第一幕，用风趣、调皮、可爱的话语描绘出工蜂的勤劳；第二幕用蜜蜂的生病、数量减少表达对人类破坏大自然的悲哀；第三幕用活泼的歌舞告诉大家要保护蜜蜂、保护大自然。当然，能排出这幕剧，很大程度上归功于老师和家长们的指导以及我们自己，我们经常利用周末排练到很晚。最后，经过努力，我们闯过了区赛、北京赛，到了全国赛。当时我们年龄小，表演时很紧张，但还是坚持演了下来。我们的表现获得了评委们的一致好评。

2015 年，我们的选题为《传奇马铃薯——世界粮食大救星》。环球自然日比赛分为表演与展览两类，这次我们选择了展览。定题后，我们阅读了很多关于马铃薯的书籍、资料，了解了马铃薯的起源、在世界上的传播过程、不同名称以及各种吃法。开春后就在家种植马铃薯并撰写观察日记。五一假期我们去了马铃薯博物馆，了解到最早发现马铃薯的是南美洲印第安人，他们称马铃薯为"丰收之神"。在博物馆里我们看到了各式各样的马铃薯，了解到马铃薯的营养成分很丰富，100 克马铃薯中包含的维生素 A 相当于 2 个胡萝卜；包含的维生素 C 相当于四个西红柿、10 个苹果；包含的钾相当于4根香蕉；包含的多酚相当于一杯热可可；包含的花青素相当于4个蓝莓。马铃薯不仅营养丰富，卡路里还低，是很好的减肥食品。还了解到马铃薯要经过上百道工序才能制成可以储存十多年的马铃薯粉。我们后来还做了实验，测试哪种马铃薯淀粉含量比较高，更适合做主食。还去农科院探访专家，发现专家已经研发出马铃薯米饭、面条等。我们也想在家试试自己做，后来买回马铃薯粉，在家做了马铃薯粥、泥、蛋糕、面包、饼、饼干等各种主食，都很好吃。我们还通过问卷调查了解大家对马铃薯主粮的认识。并且发现超市里已经有马铃薯馒头、马铃薯豆包等主食出售。我相信马铃薯会成为大家喜欢的主粮的。整个过程我们都记入了观察日记。

学习之后，我们开始做展板。展板分为几个板块，分别介绍马铃薯的起源、生物属性、丰富营养、传播途径等相关知识，并自制了相关图片。我们还请老师教我们用纸张和黏土手工制作马铃薯植株。比赛时，我把家里的马铃薯带到比赛现场，让大家看看我种的马铃薯，感觉蛮自豪的。评审期间，我们把上述研究过程一一向评委做了介绍，果然闯进决赛，获得一等奖。

2016年，我们第三次参加比赛，主题定为《茶之变》。与往常一样的是，我们买了很多书阅读，到图书馆查阅资料，观看纪录片《茶——一片树叶的故事》。我和妈妈利用清明节假期去安徽泾县采茶，要采摘一芽两叶或一芽三叶的，并观察茶农是怎么烘焙茶叶的。后来又到茶城品尝六大类茶叶。在老师的指导下，这次我们演出复杂多了，一人要表演多种角色，8分钟内要换4套衣服，连评委都夸我们不仅内容丰富，连换装都那么巧妙！现在我们参赛可一点都不紧张了，还能开玩笑呢。

2017年，我们第四次参加环球自然日比赛。和往常一样，我们确定选题为蜘蛛后，广泛收集资料，看了一大堆书；去公园里观察蜘蛛的生活环境，并捉了些园蛛带回家养，还买了一只捕鸟蛛回家观察。后来家里的园蛛跑得不知去向，我相信它一定回家去了。我们还去听专家讲座，把手掌大的蜘蛛放在手上观察；去国家动物博物馆的蜘蛛展厅，了解了很多关于蜘蛛的知识。接下来，我们开始编写剧本《园蛛与捕鸟蛛的故事》，这回剧本完全是我们俩自己写的。虽然后来被老师和家长做了一些修改，但比起以前我们已经进步很多了。这次比赛，我们一点也不紧张，满怀自信轻松上场，评委都说我们跟以前不一样了。明年我们还将参加美国冠军赛，将和美国小朋友结对开展研究，这对我又是一次新的挑战。

到重庆参加比赛期间，我们到附近缙云山游览，看到了很多有趣的蜘蛛。一只十字金蛛趴在一个路牌上，它织成的白色网像一个大大的"X"，刚开始我们还以为哪个淘气的小孩在路牌上画了一个叉，走近仔细看，才发现"X"的中心点趴着一只十字金蛛。我们还看到一只圆圆的绿蜘蛛，知道它应该是圆蛛科的，可回家查询《常见野外蜘蛛分类》，没有发现书中有记载。如果没人发现这个种类，我们就决定叫它"绿豆蛛"啦！我们还看见了狼蛛、盲蛛，看见金蛛在树上织的小鸡蛋般大的卵袋，以及各式各样的蜘蛛网，真是大开眼界。后来听我姥姥说，20世纪60年代姥姥还在西南师范大学生物系上学时，学校留的一项作业是制作锦鸡标本。老师就带着学生们拿着猎枪到缙云山打猎捕捉锦鸡。那时缙云山上的动物可丰富了，锦鸡也很多，大家还没有形成对锦鸡的保护意识。虽然现在缙云山上的动物种类没有以前多了，可是还是很丰富，我希望以后有机会还能再来。

参加完四次环球自然日比赛，我有以下几点感受：

一是学到很多有趣的知识。每次研究一个主题，我们要从很多方面收集资料，学习相关知识，非常有意思，同时也锻炼了我们的归纳总结能力。比赛期间我们参观别人的表演和展板，也学到了很多，开阔了眼界。

二是通过参加比赛，我们学习了很多科学研究方法。比如，资料查阅、实地观察、亲手实践、专家访谈、动手实验、调查问卷，等等。从以前老师、家长手把手教我们到现在很多工作我们可以自己完成收获了成长。

三是学习到团队合作精神。要分工负责，做好自己的分内工作。不论是在研究过程中，还是在比赛时、回答评委提问时，都要互相支持互相补充，因为我们是一个团队。

四是锻炼了比赛时的表现能力。比赛前要刻苦努力，反复练习，磨练性子，我慢慢学会了怎样从急躁中平静下来。比赛中要放松、不紧张。回答评委提问时，要多联想才能急中生智、及时反应；表演要丰富丰富再丰富，有趣有趣再有趣，才能表现出让人喜欢的作品。小朋友们，如果你多参加比赛，就不会紧张，还会觉得很开心，觉得很有意思，很想多参加比赛呢。希望你们也能参加环球自然日比赛！

专题20 世界三大发明展金奖

从2008年起，北京第八十中学何斌老师在科技教育办公室赵胜楠主任的帮助指导下，组织建立了爱迪生发明社，选拔校内喜爱发明创新、电子控制、结构工程的学生。联合多位老师通过选修课、社团课，利用业余时间对学生从选题到设计到制作，进行一系列有计划的培养。十年来，社团取得了丰硕的成果。

爱迪生发明社中的国际部学生连续 8 年参加德国、美国等国际发明展，获得金奖 14 人次，银奖 19 人次，铜奖 17 人次，为国际部学生提高欧美顶尖大学录取率做出了重要贡献。近五年有 50 余名社团学生被美国康奈尔大学、麻省理工学院、加州大学伯克利分校等美国排名前 50 的大学录取。

2019 年 7 月 22 日至 29 日，美国匹兹堡国际发明展（IDUSA）、WAICY 世界青少年人工智能竞赛在美国宾夕法尼亚州匹兹堡市举行，吸引了来自美国、加拿大、德国、西班牙、中国、印度等 10 多个国家和地区 400 多位师生参展。此次北京市第八十中学共有 7 项发明作品被邀请参加此次发明展，经过展示讲解和答辩，最终斩获青少年组 4 项金奖和 3 项银奖。此外，还获得 WAICY 世界青少年人工智能竞赛 4 项金奖 3 项银奖的优异成绩。

参考文献

[1] 赵鸣，丁燕．科技论文写作 [M]．北京：科学出版社，2014．

[2] 张红霞．科技论文写作 [M]．北京：教育科学出版社，2003．

[3] 陈宏程．青少年科技创新活动指南 [M]．合肥：安徽科学技术出版社，2016．

[4] 顾志跃．青少年科技教育与活动评价 [M]．上海：上海科技教育出版社，2003．

[5] 达西·哈兰德，STEM 项目学生研究手册 [M]．中国科协青少年科技中心译．北京：科学普及出版社，2013．

[6] 温·哈伦．科学教育的原则和大概念 [M]．韦钰译．北京：科学普及出版社，2011．

[7] 中国青少年科技辅导员协会．科技辅导员学习指南 [M]．北京：科学普及出版社，2013．

[8] 中国青少年科技辅导员协会．科技辅导员工作指南 [M]．北京：科学普及出版社，2013．

[9] 中国青少年科技辅导员协会．科技辅导员培训指南 [M]．北京：科学普及出版社，2013．

[10] 张奇．国内外青少年科技竞赛活动的观察与思考 [J]．中国科技教育，2019（9）．

[11] 杨道富．自然科学学术论文的撰写要求和规范化 [J]．黄河水利职业技术学院学报，2001（3）．

[12] 中国科协青少年活动中心．全国科技创新大赛参赛手册．

[13] 北京科学中心官网，http://www.bjsc.net.cn/．

[14] 全国青少年科技创新活动服务平台，http://www.xiaoxiaotong.org/．